Paul M. Zulehner
Leibhaftig glauben

**topos** taschenbücher, Band 659

Paul M. Zulehner

# Leibhaftig glauben

*Lebenskultur nach dem Evangelium*

Unter Mitarbeit von Josef Brander

**topos** taschenbücher

**Verlagsgemeinschaft topos plus**
Butzon & Bercker, Kevelaer
Don Bosco, München
Echter, Würzburg
Lahn-Verlag, Kevelaer
Matthias-Grünewald-Verlag, Ostfildern
Paulusverlag, Freiburg (Schweiz)
Friedrich Pustet, Regensburg
Tyrolia, Innsbruck

Bibliografische Information der Deutschen Nationalbibliothek
Die Deutsche Nationalbibliothek verzeichnet diese Publikation in der
Deutschen Nationalbibliografie; detaillierte bibliografische Daten
sind im Internet über http://dnb.d-nb.de abrufbar.


2008 Verlagsgemeinschaft **topos** plus, Kevelaer
Das © und die inhaltliche Verantwortung liegen beim
Matthias-Grünewald-Verlag, Ostfildern
Überarbeitete Neuausgabe

Einband- und Reihengestaltung | Finken & Bumiller, Stuttgart
Herstellung | Pustet, Regensburg
Printed in Germany


Topos ISBN: 978-3-8367-0659-9

www.toposplus.de

# Inhalt

# Vorwort

Das Christentum, so klagen viele, ist mittelmäßig geworden. Der um sich greifenden Verarmung des alltäglichen Lebens vermag es keinen Widerstand mehr entgegenzusetzen.
Es erleidet einen „katastrophalen Mangel an Folgen" *(Johann B. Metz)*. Das ist schlecht für die Menschen und
schlecht für das Christentum. Christlicher Glaube wird so
uninteressant. Man nimmt ihn nicht mehr ernst. Er gilt als
kompromittierter Bestandteil eines langweiligen, wie man
sagt „verbürgerlichten" Lebensstils. Das Elend des satten
und trostlosen Lebens wird bestenfalls noch religiös ver-
brämt. Kraft geht aber von einem solchen Christentum
kaum noch aus. Zu trösten ist es nicht mehr imstande, bestenfalls vertröstet es. Damit verliert aber das Christentum
seine ursprüngliche, zum Leben befreiende Kraft. Und eben
dies ist schlecht für die Menschen.

Was das Christentum dringlich braucht, ist ein Aufbruch
aus der ererbten Mittelmäßigkeit. Diese kann weder von
einfältig konservativer noch von progressiver Seite erhofft
werden: denn von dort ist höchstens ein Aufwärmen oder
eine Imagekosmetik eines angepassten Christentums zu erwarten. Erforderlich ist vielmehr das Hineingraben in verlo-
rene Tiefen. Von den Wurzeln her bedarf es der Erneuerung.
Man kann dies „Radikalisierung" nennen, insofern man sich
am lateinischen Wort „radix", das ist Wurzel, ausrichtet.

Dieses kleine meditative Büchlein will dazu einen Anstoß
geben. Dabei geht es uns darum, die evangelischen Räte als
innere Momente eines jeglichen christlichen Glaubens wiederzugewinnen. Damit soll die alte Zweiteilung über-
wunden werden, nach der es einige „religiöse Virtuosen"
(Ordensleute, Priester) gibt, die das Christentum „vollkom-
men" leben sollten, während den übrigen „Fußgängern der
Kirche" „unvollkommenes" Leben gestattet wird. Die Ein-
grenzung der Reichweite der evangelischen Räte ist eine,
vielleicht sogar eine der wichtigsten Ursachen für die Ermä-

ßigung des christlichen Glaubens, für den Verlust seiner Kraft. Ermäßigtes Christentum neigt aber stets dazu, harmlos zu werden. Das Salz wird schal (Mt 5,32), man wirft es kulturell hinaus und tritt auf ihm herum. Das Licht ist dunkel. Die Stadt auf dem Berg ist vor Finsternis nicht mehr zu sehen.

Über die evangelischen Räte sind in den letzten Jahrzehnten wertvolle Beiträge geschrieben worden.[1] Die Eigenwilligkeit unseres Büchleins liegt einerseits darin, dass *die evangelischen Räte mit Grundhoffnungen des menschlichen Daseins in Beziehung gesetzt werden.* Andererseits greifen wir auf gläubige Erfahrungen zurück, wie sie in biblischen Texten überliefert sind. Der Text des Lebens und der Text der Bibel sollen so in einen herausfordernden Bezug gesetzt werden. Dabei werden eher viele Fragen gestellt. Antwortfragmente werden gesammelt. *Die erhoffte Antwort freilich ist radikalisiertes christliches Leben selbst:* beim Leser, in der Kirche, in unseren Gesellschaften. Von mir selbst kann ich berichten, dass mich dieses Thema der evangelischen Räte schon jahrelang umtreibt und für die konkrete Gestalt meines Lebens wichtig geworden ist.

Das alles sind Gedanken, die 1982 zu Papier gebracht worden sind. Seither hat sich leider in den Kirchen wenig geändert. Die innere Schwäche ist eher noch größer geworden, die Zahl der Enttäuschten gestiegen, und manche haben sich vom Christentum abgewendet, weil es ihnen kraftlos zu sein scheint. Andere hingegen drängt es zu einem spirituellen Aufbruch von den Wurzeln her. Solchen spirituellen Pilgerinnen und Wanderern ist die leicht überarbeitete Neuauflage dieses alten Büchleins gewidmet.

Bei seiner Wallfahrt zur 850-Jahr-Feier der Basilika in Mariazell hat Benedikt XVI. vor Ordensleuten, Priestern, Diakonen, Pastoralreferentinnen und Pastoralreferenten eine

---

[1]  Metz, Johann B.: Zeit der Orden, Freiburg 1977. – Bours, Johannes/ Kamphaus, Franz: Leidenschaft für Gott, Freiburg 1981.

Homilie über die Kraft der evangelischen Räte gehalten. Seine tiefschürfenden Meditationen über Armut, Keuschheit und Gehorsam tragen denselben Grundton in sich, der auch die Melodien unserer hier vorgelegten, freilich schon älteren Meditationen zu den evangelischen Räten trägt. Auch der Papst insistiert, dass die „Logik der drei Räte" letztlich jeden Christen angeht. Vor allem die Ordenschristinnen und Ordenschristen haben den Beruf, durch ihr gemeinschaftliches Leben allen in Erinnerung zu halten, was letztlich für jeden und jede gilt.

Wien, im Januar 2008                      Paul M. Zulehner

# Vorspiel

Glauben und Leben, so klagen viele, sind einander fremd geworden. Das eine hat mit dem anderen im alltäglichen Leben nur wenig zu tun; lediglich in außeralltäglichen Situationen, in der Erfahrung von Zeit und Endlichkeit beim Jahreswechsel, an den Übergängen des Lebens bei Geburt, Heirat und Tod, dort, wo Leben gefährdet und bedroht ist, wie in Krankheit, aber auch in kollektiven Überlebenskrisen wie in Kriegen oder angesichts des Wahnsinns weltweiter atomarer Rüstung, empfinden manche den tiefen Zusammenhang zwischen Glauben und Leben.

Man kann auf diese Erfahrung von Fremdheit von Glaube und Leben unterschiedlich reagieren. Die einen schlagen sich auf die Seite des Lebens, trennen sich damit vom Glauben. Was für ein Leben ist das aber? Haben nicht jene Recht, die sagen, dass unser Alltag verarmt ist? Hat sich nicht die Ökonomie, der Profit, des Lebens bemächtigt? Sind wir nicht dabei, dass aus dem Menschen ein geheimnisleeres Bündel steuerbarer und befriedigbarer Bedürfnisse wird? Ist nicht Wirklichkeit ohne Glauben dabei, geheimnisleer zu werden, damit oberflächlich und langweilig, manipulier- und ausbeutbar? Steht es nicht schlecht um die säkulare Wirklichkeit, wenn der Glaube von ihr abgetrennt wird?

Die anderen schlagen sich deshalb tapfer auf die Seite des ererbten Glaubens. Sie igeln sich gleichsam in überlieferten Sätzen ein, verschanzen sich hinter Regeln und Formeln, begeben sich unter den bergenden Schild alter religiöser Erfahrung. Doch wird man gelegentlich den Verdacht nicht los, dass diese Zuflucht zum Glauben zugleich eine Flucht vor der Wirklichkeit, dem alltäglichen Leben, seinem Schmerz und seinen wenigen großen Stunden ist. Wird so aber nicht das Geheimnis des Lebens wirklichkeitsarm? Steht es nicht schlecht um den Glauben, wenn von ihm das konkrete Leben abgetrennt wird?

Wir gehen hier einen dritten Weg. Dabei setzen wir voraus, dass es nicht zwei Bereiche gibt, jenen des Lebens und einen anderen, den des Glaubens. Wir gehen von einer unentflechtbaren Verknüpfung dieser beiden Dimensionen der einen Wirklichkeit aus. Dabei stützen wir uns auf die uralte Deutung der Wirklichkeit als Schöpfung Gottes. Die Wirklichkeit selbst, die theologisch nicht anders denkbar ist als von Gott hervorgebracht (mag es auch aus dunklen Gründen eine menschheitsalte Tradition des Bösen geben), ist so ein Moment an der Absicht Gottes mit seiner Menschheit. Was er mit uns vorhat, kann man daher spurenhaft an seiner Welt, vornehmlich am Menschen ablesen. Uns geht es somit darum, diese Absicht Gottes in menschlichen Erfahrungen aufzuspüren. Was wir betreiben, ist der Versuch, menschliche Erfahrungen in ihre letzten, geheimnisvollen Tiefen hin auszuloten. Leben wird in die Glaubenssprache übersetzt. Dabei geschieht nach Karl Rahner „Mystagogie", also ein Einführen des Menschen in jenes Geheimnis, welches sein Leben im Grunde immer schon ist: nämlich Gottes Liebesgeschichte mit uns sowie die Geschichte der Annahme oder Verweigerung dieser Liebe durch uns. Die Geschichte der Menschheit ist somit immer schon Heils- und Unheilsgeschichte in einem.

1. Den Ausgangspunkt bildet eine *kleine Phänomenologie menschlicher Urwünsche*, Grundhoffnungen, Antriebe. Themen werden sein: der Wunsch nach einem einmaligen Namen, Ansehen und Zuwendung; der Wunsch nach Wachstum, Freiheit und Macht; der Wunsch nach Verwurzelung, Beheimatung und Besitz.

2. Sodann wird aufgezeigt, dass diese Urwünsche in ihrer inneren Bewegung maßlos sind. So geraten sie in eine fast unerträgliche Spannung zur Erfahrung, dass es für die Wünsche nur endliche Erfüllung gibt. Soll man also die Wünsche ermäßigen, um dem *Schmerz an der Endlichkeit* zu entrinnen? Oder wird die Botschaft vom ewigen Leben uns vor einer Ermäßigung des Wunsches schützen, weil uns

ewiges Leben als unvorstellbare Erfüllung gerade des maßlosen menschlichen Sehnens verheißen ist?

3. Wir wenden uns dann einer *gläubigen Kultur menschlicher Urwünsche* zu. Dazu gilt es zunächst in Erinnerung zu bringen, was im biblischen Sinn glauben bedeutet. Am Beispiel des Abraham wird dies anschaulich gemacht. Abraham ist einer, der so sehr in Gott verwurzelt ist und von ihm her lebt, dass das, was er tut, von Gott her bestimmt ist. Gottes Absicht mit ihm bestimmt sein Leben. Damit nimmt sein Glaube Gestalt in Raum und Zeit, „Geschichte und Gesellschaft" an. Glaube wird konkret in dem, was er tut, in seinen Werken. Glaube wird so *leibhaftig*. Diese Leibhaftigkeit des Glaubens bleibt Thema der weiteren Überlegungen. Ob ich nämlich glaube, wird selbst für mich (nur) erkennbar an meinen „Werken", nicht im Sinn der Selbstrechtfertigung, sondern im Sinn der „Inkarnation" meines Glaubens in die leibhaftigen Wünsche meines Lebens: also in den Wunsch nach Zuwendung, nach Macht, nach Beheimatung. An der biblischen Erzählung der Versuchung Jesu wird dies veranschaulicht.

Der Umgang mit diesen Dimensionen menschlichen Lebens, der Umgang mit unseren Urwünschen, wird damit zur Auslegung unseres Glaubens; anders formuliert – da der christliche Umgang mit Zuwendung, Macht und Besitz genau das Thema der überlieferten evangelischen Ratschläge ist – werden die evangelischen Räte zu inneren Momenten christlichen Glaubens: und zwar nicht nur einiger weniger Christen, sondern aller, die Christen sein wollen.

4. Dieses Grundthema erhält *biblische Variationen*.

- Der Umgang mit dem Wunsch nach Zuwendung wird durchgespielt mit dem biblischen Gleichnis von den fünf klugen Jungfrauen und ihren fünf törichten Kolleginnen. „Jungfräulichkeit" wird als *Erwarten* ausgelegt.
- Am Beispiel der Kenosis Jesu, seiner Hingabe, seiner *Karriere nach unten*, besungen im Hymnus des Philipperbriefes, wird der *Umgang mit Macht* thematisiert.

- Schließlich wird an Hand der alten Kain-und-Abel-Erzählung der Umgang mit den Dingen überlegt: *Damit nicht die Dinge uns haben*, gilt als wesentlicher Zug an der christlichen Armut, die Leben und Zukunft von Gott her erwartet.

5. Durchgängig wird sich in diesen drei Variationen zeigen, dass christliche Kultur der Urwünsche in zwei Stilen möglich ist: Der *eine* Stil ist die dankbare Annahme der Grundwünsche als Gabe Gottes, verbunden mit dem „perfrui", dem Auskosten und Genießen, das die Bibel mit dem ewigen Leben, der Glückseligkeit bei Gott verbindet. Freilich, dieses Auskosten ist durchformt vom christlichen Prinzip des Miteinanders und Füreinanders. Schließlich wird die Endlichkeit der Gabe, ihre Relativität und Vergänglichkeit erinnert. Das Auskosten von Gaben beschenkt den Gläubigen mit Spuren gelungenen Lebens, die ihm eine Ahnung geben von jenem Leben, das eben noch aussteht. Also wird er von den vergänglichen Spuren zwar kosten, aber nicht an sie sein Herz gänzlich hängen, von vergänglicher Erfüllung somit alles erwarten. Christlicher Umgang widersteht einer Verschließung des Menschen in endlichen Erfahrungen. Biblisch formuliert heißt dies, dass Gläubige weder die (eheliche) Zuwendung, noch die Macht, noch den Besitz zu Götzen machen, die Leben für immer sichern könnten.

6. Der *andere* Stil ist der prophetische. Einige Menschen unter den Gläubigen werden von Gott so ergriffen sein, so sehr die Erfüllung ihres Sehnens, ihrer Grundwünsche erwarten, dass sie weltlich-vergängliche Gaben in verrückter Weise zurückstellen. Leute werden über solche „Extra-vagante", „Ver-rückte" den Kopf schütteln. Die Propheten werden dann aber anfangen zu reden und sagen: Wir verachten nicht die Gaben. Schon gar nicht dämpfen wir die Sehnsucht. Wir halten sie vielmehr wach, schüren sie, aber wir halten sie offen. Wir widerstehen jeglicher Form von gänzlicher Stillung. Und dann setzen sie ihre prophetische Rede fort und sagen, zu solchem Leben treibt uns Gott, damit von

euch nicht vergessen wird, was zumal heute höchst verletzlich ist, dass das Sehnen des menschlichen Herzens so maßlos, so unersättlich, so unendlich ist, dass es von Endlichem, von Menschen, von Macht, von Besitz beim besten Willen nicht ausgefüllt werden kann. Ehelose, Machtlose, Besitzlose, also Menschen, welche die evangelischen „Losigkeiten" leben, werden so zu einem Dienst, zu einem Stachel im Leib der Kirche, der Christen, damit aber aller Menschen, damit sie nicht in Vergänglichem sesshaft werden und sich mit einer bloßen Ahnung von Leben abfinden, um dann allmählich daranzugehen, an der verrückten Weite ihres Sehnens zu zweifeln und schließlich ihre Wünsche zu töten.

Unterstützt wird solch prophetisches Leben wohl sinnvollerweise dadurch, dass die „Losen" eine hohe Aufmerksamkeit für jene entwickeln, denen das Verkosten der Gaben Gottes verwehrt ist, indem ihnen Ansehen verweigert, Freiheit genommen, in himmelschreiender Ungerechtigkeit Not verordnet wird: was diese Menschen hindert, Spuren gelungenen Lebens zu erfahren und darin Gott zu erahnen, der ihnen jetzt schon die Sehnsucht und deren anfängliche Beruhigung gegeben hat, um sich auf diesem heimlichen Weg als die unerhörte Erfüllung menschlichen Sehnens in Erinnerung zu halten.

# Die Urwünsche des Menschen

Von Jesus her sind viele Weisungen überliefert, die einen verlässlichen Weg zu einem intensiven und befriedigenden Leben verheißen. Diese Lebensweisungen beziehen sich auf den Frieden, das Schwören, das Trauern, das Beten. Doch haben sich im Lauf der Christentumsgeschichte drei Räte als besonders bedeutsam erwiesen: *Ehelosigkeit, Machtlosigkeit, Besitzlosigkeit.* War dies ein Zufall?

Doch wohl nicht. Lange Studien haben nämlich aufgedeckt, dass diese drei Ratschläge eine auffällige Entsprechung in unausrottbaren menschlichen Urwünschen haben. Dabei kann man davon ausgehen, dass wir uns ein ganzes und unzerstückeltes Leben wünschen, also ein Leben in Frieden: Dazu, so sagt die Bibel, hat Gott uns berufen (1 Kor 7,15). Wir wünschen uns Gesundheit und Frieden. Gräbt man weiter, findet man eine uralte Menschheitstradition, festgehalten in Sagen, Mythen und Märchen, aber auch analysiert in wissenschaftlichen Studien der Psychologie, der Soziologie, der Ehewissenschaft. Alle diese Quellen lassen eine Dreiheit, eine Trias, erkennen. Zu einem Leben in Frieden gehört demnach die Erfahrung, einen Namen zu haben, wachsen zu können und Wurzeln zu schlagen.

## Name

Zu einem Pfarrer kommt ein Brautpaar. Jetzt ist es so weit. Wir möchten kirchlich heiraten. Dabei erzählen sie, dass sie schon zwei Kinder haben und zwei Jahre lang standesamtlich verheiratet sind. Der Pfarrer freut sich, dass sie jetzt da sind. Im Gespräch taucht die Frage auf, was sie denn jetzt, nach Jahren gemeinsamen Lebens, bewegt, kirchlich getraut zu werden. Der Mann, neben seiner Frau sitzend, sagt: Bevor ich meine Frau kennengelernt habe, hatte ich zwei Verhältnisse. Jedes Mal ist es schief gegangen. Da wollte ich zusehen, wie es mit dieser Frau geht. Insgeheim denkt sich der Pfarrer: Gut, dass du nicht gleich die erste oder die zweite geheiratet hast. Was hast du mir als Seelsorger doch für Probleme erspart. Ganz anders die Frau. Sie fährt auf und sagt dem Mann: So also war das gemeint. Ich war für dich immer noch austauschbar.

*Nicht austauschbar sein:* Das ist ein Moment an der ersten Grundhoffnung. Wir wünschen uns, einmalig zu sein und in dieser Einmaligkeit auch erkannt und anerkannt zu werden. Ausdruck unserer Einmaligkeit aber sind unser Name und unser unverwechselbares Gesicht. Es ist wichtig für uns, Zuwendung zu erleben, ein Vis-à-vis zu haben, in Face-to-face-Beziehungen zu leben. Wenn sich uns jemand zuwendet, uns anschaut, erfahren wir *Ansehen.* Wer kein Ansehen hat, den sieht eben auch niemand an: Er ist der Unansehnliche. In der Zuwendung eines Menschen erkennen wir auch, wer wir sind. Andere Menschen sind für uns wie ein Spiegel. Dabei ist eine der wichtigsten Formen menschlicher *Zuwendung* die Begegnung zwischen Mann und Frau. In den Momenten der Liebe, von Eros und Sexualität, einander zugewandt, erleben Mann und Frau, wer sie als Mann und Frau sind. Nicht zufällig heißt es daher im Alten Testament: „Adam erkannte Eva, seine Frau" (Gen 4,1).

In den Ehewissenschaften ist über die Bedeutung der Zuwendung, des *Liebens und Geliebtwerdens* viel nachgedacht worden.[2] Man hat entdeckt, dass der Wunsch nach Zuwendung reichhaltig ist. Er drückt sich in vielfältigen „Bedürfnissen" aus. Da werden genannt:

- das Bedürfnis nach *Zärtlichkeit:* nach Hautwärme streben, die körperliche Nähe des anderen wünschen und sich anschmiegen, Kontakt bilden, streicheln, liebkosen, einhüllen, hegen, pflegen;

---

[2]    Heigl-Evers, Anneliese/Heigl, Franz: Lieben und Geliebtwerden in der Ehe, Stuttgart ²1977.

- das Bedürfnis nach *Zuwendung und Hingabe:* sich hinwenden, sich zuneigen, gewogen sein, sympathisch finden, von fließenden weichen Gefühlen bewegt sein, Vertrauen empfinden, sich anvertrauen, sich anlehnen, Geborgenheit schenken und empfangen wollen;
- das *Erosstreben* (das Bedürfnis zu gefallen und am anderen Gefallen finden): anziehend sein, sich angenehm machen, sich schmücken, das Bedürfnis nach Schönheit, Anmut, Proportion und Harmonie;
- das *sexuelle Bedürfnis:* nach sexueller Erregung und Entspannung in körperlicher Vereinigung drängen, umarmen, reizen, verführerisch sein, erregen.

In all diesen Wünschen steht aber der Wunsch nach dem *Erkannt- und Anerkanntwerden*. Erleben das nicht viele Frauen in der heutigen Gesellschaft in zugespitzter Weise, wie wichtig der Wunsch ist, dass sie selbst, als diese Frau, als diese Person geachtet und geliebt sind, und nicht, weil man etwas von ihr gut brauchen kann und weil sie nützlich ist? Warum ist die junge Frau des Mannes so aufgeregt, als sie erfährt, dass sie immer noch austauschbar ist? Ist ihr klar geworden, dass ihr Mann eigentlich gar nicht sie will, sondern etwas von ihr, die guten Tage mit ihr, aber nicht die bösen? Sie erlebt sich als halbiert. Und doch ist es ihr Wunsch, gerade in Liebe und Ehe unverwechselbar vorzukommen. Hat sie doch wiederholt erlebt, dass dieser Wunsch in Bereichen des öffentlichen Lebens nicht erfüllt wird. Da ist ihr Arbeitgeber an ihrer Arbeitskraft interessiert. Wenn sie einkauft, interessiert ihre Kaufkraft, sie spürt es schmerzlich, dass das Interesse eines Verkäufers rasch sinkt, wenn er merkt, dass er nichts verkaufen kann. Wenigstens in der Ehe, in liebenden Gemeinschaften, in familialen Netzwerken, so fühlen viele, wäre der Ort, wo jeder als dieser einmalige Mensch geliebt und geachtet ist. Was aber können Frauen da erleben? Oftmals steht ihre „Rolle" im Vordergrund. Man fragt, wozu eine Ehefrau gut ist. „Rent a wife", so kann man in amerikanischen Inseraten lesen. Ist nicht eben das, sieht man vom romantischen Start mancher Ehe ab, die alltägliche Erfahrung von Ehefrauen? Sie ist Mutter (was ja zweifellos gut ist, wenn es nicht das einzige ist, was eine Frau erlebt), Erzieherin, tröstet den Mann, wenn er erschöpft von der harten Arbeit nach Hause kommt, sie ist also eine Psychotherapeutin en miniature, eine Beziehungsarbeiterin; sie ist Steigbügelhalterin für die berufliche Karriere ihres Mannes (er könnte diese nicht machen, wenn er bei den Kindern bleiben müsste). Überrascht es, dass eines Tages Frauen „erwachen" und sagen: Das mache ich nicht mehr mit? Entweder ändert sich etwas, sodass auch ich als diese Person vorkomme, oder ich verlasse diesen Ort des Nichtlebens.

Ausgenützt, „ausgebeutet", ja benützt zu werden, beliebig austauschbar, also in seiner Einmaligkeit verraten zu sein, das ist tödlich. Es ist der harte Gegensatz zum Wunsch nach einem Namen, nach Einmaligkeit, Individualität, Personalität. Wo die tiefen Wünsche des Menschen umkommen, geht auch erhofftes Leben verloren, breitet sich, vor dem Tod, der Tod aus. Wir nennen ihn sozialen Tod, mutwillig zugefügt, durch Unachtsamkeit und Oberflächlichkeit, aber auch durch todbringende gesellschaftliche Lebensregeln und Strukturen verordnet. Es ist eben tödlich, wenn eine Gesellschaft nicht mehr an den einmaligen und daher kostbaren Lebensgeschichten und der sie vorantreibenden Personen interessiert ist, sondern die Menschen in der Arbeit zur Arbeitskraft reduziert und in der Freizeit aus den Menschen mit einem Namen und einem unverwechselbaren Gesicht ein anonymes Bündel von steuerbaren Bedürfnissen macht.

Die Menschen in unseren Gesellschaften haben für diesen Grundwunsch ein ausgeprägtes Gespür. In großen Umfragen unter den Deutschen[3] und den Österreichern[4] wurde ge-

---

[3]   Schmidtchen, Gerhard: Was den Deutschen heilig ist, München 1979.

[4]   Zulehner, Paul M.: Religion im Leben der Österreicher, Wien 1982; ders.: Leutereligion, Wien 1982. – Ders. u. a.: Vom Untertan zum Frei-

fragt, *was den Leuten „heilig" ist:* „heilig" im Sinn von „unantastbar", „darüber lasse ich nichts kommen". „Heilig" in diesem Sinn ist,

- dass ich Menschen um mich habe, die ich lieben kann und die auch mich lieben (Österreich: 88%);
- dass ich als Mensch allein wertvoll bin, und nicht erst, wenn ich etwas leiste (76%; „leisten" im Sinn von etwas machen können, von schöpferisch sein, ist den Leuten heilig; „leisten" aber im Sinn von „Funktionalisierung" des Menschen, also von Verkürzung seines Reichtums als liebenswert-einmaliger Person auf Arbeits- oder Kaufkraft, als bürokratisch steuerbaren Bürger, gilt als verwerflich, „unheilig");
- dass jemand mich ganz persönlich liebt und ich nicht beliebig austauschbar bin (77%);
- dass ich von anderen nicht ständig ausgenützt werde (72%).[5]

## Macht

Vor einiger Zeit besuchte ich eine Großstadt im Ruhrgebiet. Ich stehe bei Arbeitsschluss an den Toren eines großen Stahlwerkes. Ich beobachte, dass die Menschen, so rasch sie können, den Betrieb verlassen. Was treibt sie so rasch hinaus? Allein die Erfahrung, dass man dort nicht sie meint, sondern etwas an ihnen, ihre Arbeitskraft, die sie verkaufen, um Geld zu bekommen? Oder kommt dazu die zweite tödliche Erfahrung, ohnmächtig zu sein, nichts machen zu können?

Zu einem erwünschten Leben in Frieden gehört offenbar der *Wunsch, „etwas machen zu können".* Wir setzen für diesen

heitskünstler. Eine Kulturdiagnose anhand der Untersuchungen „Religion im Leben der Österreicher 1970 bis 1990" – „Europäische Wertestudie – Österreichteil 1990", Wien [2]1993.

5   Zulehner, Leutereligion, 10.

Wunsch das Wort „Macht" und meinen dieses im Sinn von „Selbstmächtigkeit", aber auch Beweglichkeit und Freiheit. Es bedrückte mich zu erleben, wie Freunde in Oststaaten darunter litten, dass sie erst mit 65 Jahren, wenn man also ihre Arbeitskraft nicht mehr gebraucht wurde, „reisemündig" waren und in den Westen reisen konnten. Bis dahin erlebten sie sich unter mächtigen Zwängen, „einge-zwängt" in einen Lebensraum und einen Lebensstil, den sie so gut wie nicht mitbestimmen konnten.

Wir Menschen wünschen, dass wir an der Geschichte unseres Lebens mitschreiben können und nicht ständig andere uns das Leben vorschreiben. Wir wünschen, in einem tiefen Sinn dieses Wortes, der durch oberflächliches kirchliches Reden nicht verdorben werden darf, uns selbst zu verwirklichen (wobei dieses Wort kein Plädoyer für die bunte und doch enge Welt des Narzissmus ist, sondern für eine „bezogene Selbstverwirklichung", also ein Leben mit und für andere). Wir wünschen uns, dass wir wachsen können, schöpferisch sind, „kreativ". Dabei können wir Christen darauf hinweisen, dass dieses Wort keineswegs erst eine Entdeckung sorgfältiger neuzeitlicher Psychologie ist (zu der manche Christen ein bemerkenswert gestörtes Verhältnis haben: das ist schade für sie); vielmehr steht dieses Wort auf den ersten Seiten der Bibel, im Schöpfungsbericht; der von Gott geschaffene Mensch wird Ebenbild Gottes genannt, Abbild des Schöpfers, also schöpferisch, Ebenbild des „creator", also kreativ.

Lebendig sein heißt somit wachsen können. Tödlich hingegen ist, wenn es kein Wachstum mehr gibt, sei es, weil ich das Neue im Wachstum scheue, sei es, weil mich andere übermächtig-repressiv am Wachstum hindern. Es gibt heute verfestigte Lebensweisen, also „Strukturen", die zweifellos einzelnen Menschen, ganzen Gruppen, ja Völkern, die Chance, in Selbstbestimmung ihr Leben schöpferisch zu gestalten, verwehren. Es gibt also todbringende Strukturen in der Welt der Arbeit, in Bürokratien, soweit sie den Menschen verwalten und seine Freiheit gängeln, im Rahmen der Zerstörung der Umwelt, wobei wir vor allem heute den Lebensraum kommender Generationen arg stören, wenn nicht zerstören.

Wie stark der Wunsch der Menschen nach Freiheit und Beweglichkeit ist, kann man am unausrottbaren Widerstand unterdrückter Menschen in totalitären Regimen in Ost und West erleben. Er wird noch erkennbar in den Leiden der Unterdrückten, in ihrer Ohnmacht, Zwängen entrinnen und die Ursachen nichtgewollten Todes beheben zu können.

Umgekehrt wird verständlich, warum den Leuten „heilig" ist:
- dass ich meine persönliche Freiheit besitze (Österreich 90%, Bundesrepublik Deutschland 81%);
- dass ich in einer freiheitlichen Staatsform leben kann (Ö 84%, D 69%);
- dass Eltern ihre Kinder erziehen können, wie sie es für richtig halten (Ö 84%, D 72%);
- dass ich mein Leben leben kann, wie ich es mir vorstelle (Ö 82%).[6]

Der letzte Satz wird von vielen Menschen auch im Hinblick auf ihre Ehe verstanden. Gerade weil sie in vielen öffentlichen Bereichen „nichts machen können", ohnmächtig und fremdbestimmt sind, wünschen viele, dass die „kleine Lebenswelt" von Ehe und Familie jener Ort ist, wo sie etwas machen können. Hier wünschen sie, „ihr" Leben gemeinsam gestalten und verantworten zu können. Jeglicher Einspruch großer gesellschaftlicher Mächte wird ferngehalten. Gerade die Fremdbestimmung in Beruf und öffentlichem Leben führt zu einer (fast illusionären, weil eben nicht durchhaltbaren) Abriegelung der Familie als vermeintlich freie und nicht mehr fremdgesteuerte Welt. Es ist zumindest verständlich, dass die Leute sich in ihre Liebesbeziehungen nichts dreinreden lassen (mag dabei von den Betroffenen

---

[6]    A.a.0., 10f.

noch so sehr übersehen werden, dass jede Gesellschaft an der Ehe, noch mehr an der Familie interessiert sein muss). Wohl auch aus diesem Grund wurden in den letzten Jahrzehnten viele staatliche Gesetze hinsichtlich Ehe und Familie „liberalisiert", wie man sagt; aber auch von den als „Einsprüche" wahrgenommenen kirchlichen Lebensregeln hält man sich fern, wenngleich Rat durchaus erwünscht ist.

Hier sehen wir noch einmal, was der Grundwunsch nach Freiheit und „Macht" meint. Es ist keineswegs allein ein fragwürdiger Individualismus, sondern es ist Widerstand gegen eine Art der Machtausübung, die als Fremdbestimmung empfunden wird. Solidarität durch Beratung ist hingegen erwünscht, weil Beratung zusichert, dass die letzte Entscheidung bei allem Raten bei den betroffenen Menschen selbst liegt.

Man wäre aber allzu oberflächlich, würde jemand meinen, eine Ehe sei dann, wenn niemand mehr „dreinredet", von selbst schon der Ort freier, schöpferischer, gemeinsamer Selbstverwirklichung. Paradoxerweise ist es manchmal so, dass dort, wo gemeinschaftlich erworbene und geschützte Lebensweisheit ferngehalten wird, weil man es selbst besser machen möchte, insgeheime Machtverhältnisse entstehen, die den Stärkeren dienen und die Schwächeren an den Rand des Lebens drängen. Es gehört zu den verbreiteten Irrtümern, dass in der Ehe „alles erlaubt" und „nichts Sünde" sei. „Sünde" ist aber material nichts anderes als Zerstörung des Lebens und der Lebensmöglichkeiten eines anderen Menschen (oder des eigenen Lebens). Solche Sünde berührt Gott, so ist theologisch unschwer einsichtig zu machen, weil Gottes Absicht für den Menschen Leben heißt und nicht Tod. Wie kann dann aber jemand meinen, in der Ehe „sei alles erlaubt", „nichts sei Sünde"? Gibt es nicht gerade im inneren Bereich zwischenmenschlicher Beziehungen die Versuchung, den anderen kleinzumachen und zu beherrschen, auf Kosten des anderen zu leben? Nirgendwo verletzt Herrschaft und Unterdrückung so sehr wie im Bereich der Zuwendung von Mann und Frau, im Bereich von Eros und Sexualität.

So wird aber auch verständlich, dass die Ehewissenschaft sagt: Ob eine Beziehung heil ist, hängt viel von der Kultur des zweiten Grundwunsches ab. In einer lesenswerten Studie wird dieser Wunsch im Bedürfnis nach *gelten und gelten lassen* aufgehoben. Wiederum wird er in mehreren Vorgängen entdeckt: „handelnd an die Welt herangehen (ad-gredi), mit Menschen und Dingen umgehen, auftreten, sich behaupten, sich durchsetzen, gelten wollen, sich ausbreiten, sich Spielraum und Betätigungsfeld verschaffen, konstruktiv sein, nach Freiheit drängen, seine Meinung vertreten, seinen Standpunkt behaupten, kritisieren, sich seinen Platz in der Gemeinschaft suchen, sich einordnen"[7].

## Heimat

Wer heiratet, erwartet viel von der Ehe. Zwei Lebensgeschichten werden miteinander verknüpft, man will in Frieden miteinander alt werden, um ein einigermaßen erträgliches Leben zu finden, „Leben in Frieden", wie sich die Bibel ausdrückt (1 Kor 7,15). Man erwartet von der Ehe, dass man dort zu Hause ist, also will man Wärme, Geborgenheit, Dazugehören. Ehe ist der Boden, wo Menschen Wurzeln schlagen möchten. Ehen beginnen also für gewöhnlich befrachtet mit hohen, nicht selten sogar mit zu hohen Erwartungen.

Die Zahl der Ehen steigt, in denen diese Wünsche des Anfangs auf der Strecke bleiben. Man trennt sich, lässt sich scheiden, und weil der Wunsch nicht umzubringen ist, heiraten viele ein zweites oder drittes Mal. Scheidung kann so gelesen werden: Ehe, als Raum eines Lebens in Frieden begonnen, erweist sich – aus persönlichem Versagen, aus

7   Heigl-Evers, Anneliese/Heigl, Franz: Gelten und Geltenlassen in der Ehe, Stuttgart 1974.

Nachlässigkeit, aus schicksalhaften Umständen heraus, wegen der Lebensfeindlichkeit ererbter Stile des Umgangs miteinander, wegen lebenshinderlicher gesellschaftlicher Strukturen – geradezu als das Gegenteil, als Ort der Zerstörung von Hoffnungen, von (zwischenmenschlichem, sozialem) Tod. Scheidung kann dann letzter Ausweg aus einer tödlichen Situation sein. Nicht von ungefähr kennt daher auch die katholische Kirche von alters her die Einrichtung der „Trennung von Tisch und Bett", weil das oberste Prinzip für menschenwürdiges Leben eben das „Leben in Frieden" ist. Nicht jede Scheidung, aber wohl viele geschehen, wenn die Ehe zur „Fremde" wird. Soll man daher nicht auch sagen: Das Problem ist nicht erst dann, wenn ein Ehepartner „fremdgeht", sondern dass ihm zuvor schon die Ehe zur Fremde wird. Umgekehrt sagt dies etwas über die dritte Grundhoffnung aus: Wir suchen nach Beheimatung. Und für viele Menschen ist die Ehe der bevorzugte Ort dafür.[8]

Ähnliches erleben Arbeiter, deren Arbeitsverhältnisse schlecht sind. Wer auf seinem Arbeitsplatz beliebig austauschbar ist und sich so benützt, ausgebeutet erlebt, wer nichts machen kann und sich auf diese Weise ohnmächtig, in Zwängen erlebt, ohne mitbestimmen zu können, für den ist der Arbeitsplatz auch kein Ort, an dem er sich länger als nötig aufhält.

Er lebt dort „wie in der Fremde", also „entfremdet". Übrigens ist der theologischen Arbeit der Begriff der „Entfremdung" vertraut. Er steht für Schuld, womit gesagt wird, dass Schuld etwas mit der Entfremdung des Menschen von sich, von jenen Lebensmöglichkeiten zu tun hat, die Gott erschlossen hat.

Leben äußert sich somit im Wunsch nach Beheimatung. Wir suchen nach einem Platz in der Welt, den wir uns so sehr aneignen, dass wir in ihm Wurzeln schlagen können.

[8]  Zulehner, Paul M.: Scheidung, was dann ...? Fragment einer katholischen Geschiedenenpastoral, Düsseldorf 1982.

Dabei kann es sich um einen wirklichen Ort handeln, ein Haus, ein Land, um die Heimat, das Wohnen. Doch auch im übertragenen Sinn schlagen wir Wurzeln. Dort, wo ich herkomme, sagen die Leute auf die Frage, wer sie sind: „Ich gehöre dem und dem an." Zu einer Familie gehören, zu einer Gruppe, lässt Heimat erleben. So reicht der Wunsch nach Beheimatung vom „Besitz" hin bis zur „Solidarität" mit anderen Menschen. Selbst Religion wird von den meisten Menschen im Zusammenhang mit dem Wunsch nach Beheimatung gesehen. Wichtig ist, so sagen viele, einen letzten Halt zu haben.[9]

So wird verständlich, was den Leuten „heilig" ist:
- dass ich ein Österreicher/ ein Deutscher bin (Ö 85% / BRD 50%);
- dass ich auf meine Heimat stolz sein kann und sie liebe (Ö 84% / BRD 45%);
- dass ich ein getaufter Christ bin (74% / 50%);
- dass ich mit meiner Familie Weihnachten feiern kann (Ö 83% / BRD 70%);
- dass meine Familie und Verwandtschaft eng zusammenhalten (Ö 76% / BRD 66%)[10].

In der Ehewissenschaft wurde vom Grundwunsch nach Beheimatung der Aspekt des „Besitzstrebens" gut untersucht. Dabei kann Besitz bestehen in Geld, Sachgütern, Zeit, Kraft, Interesse, Aufmerksamkeit, Kenntnissen, Wissen, Gefühlen etc. Unterschieden wird das Bedürfnis, in Besitz zu nehmen (haben zu wollen), vom Bedürfnis, mit Besitz umzugehen: ihn zu behalten oder herzugeben. Im Einzelnen heißt dies:
- das Bedürfnis, *in Besitz zu nehmen:* sich öffnen, aufnehmen, kriegen, genießen, bitten, nehmen, zupacken, be-

[9] Berger, Peter L.: Zur Dialektik von Religion und Gesellschaft, Frankfurt 1973. – Ders.: Der Zwang zur Häresie, Frankfurt 1980; Zulehner, Religion im Leben der Österreicher, 37–42.
[10] Zulehner, Leutereligion, 11.

greifen, fordern, verlangen, sich bemächtigen, sich ein-
verleiben;
- das Bedürfnis, *Besitz zu behalten* (nicht hergeben wollen):
sich verschließen, nein sagen, nicht verlieren wollen,
festhalten, zurückhalten, ansammeln, bewahren, spei-
chern, konservieren;
- das Bedürfnis, *Besitz herzugeben* (hergeben wollen): sich
öffnen, hingeben, mitteilen, teilen, spenden, schenken.[11]

## Lebensbaum

Überblickt man diese „kollektiven Grundwünsche" des
Menschen, dann entdeckt man eine überraschende Ähnlich-
keit mit den Grundbewegungen (höheren) Lebens über-
haupt. So äußert sich pflanzliches Leben als
- einmalig und vereinzelt,
- es schlägt Wurzeln,
- es wächst.

Auf der Ebene des Menschen heißt dies
- Name (Individualität, Einmaligkeit),
- Macht und Freiheit,
- Beheimatung (und Besitz).

So überrascht es auch nicht, dass der Lebensbaum ein ural-
tes Grundsymbol für menschliches Leben ist.

## Leben

Unausrottbar
ist unser Wunsch nach Leben.
Wer wählte
in seinen Träumen,

---

[11]  Heigl-Evers, Anneliese/Heigl, Franz: Geben und Nehmen in der Ehe,
Stuttgart ³1975.

gestellt vor die Wahl
zwischen Leben und Tod,
nicht das Leben?

Leben,
wie wir es erträumen,
erhoffen,
uns wünschen:

Namen zu haben,
einmalig, geachtet,
Gesichter zu haben
einander zugewandt,
was Ansehen stiftet;
wir lieben einander
und werden geliebt,
und dies vor jeder Leistung,
unbedingt,
einfach, weil Mensch,
nicht gebunden an Jugend,
Schönheit und Macht;
zwecklos,
und doch voller Sinn.

Leben,
wie wir es erträumen,
erhoffen,
uns wünschen:

Wir wollen frei sein,
beweglich und mächtig:
Welt zu gestalten
nach unserem Bild,
uns anzueignen
Zeit und Raum,
Körper und Wunsch;

nicht zerstückelt
durch Zwänge,
ganz und heil;
nicht behindert zu wachsen;
Männer und Frauen,
selbstmächtig,
Leben zu gestalten;
zur Geltung gebracht,
so aber frei,
andere gelten zu lassen.

Leben,
wie wir es erträumen,
erhoffen,
uns wünschen:

Heimat dem Leben,
ein Boden für Wurzeln,
Welt, uns zu Eigen,
Besitz, um zu sitzen,
doch auch Geben und Nehmen.
Geborgenheit
und ein Zuhause.

Das Land unserer Träume,
das Haus unsrer Hoffnung:
es ist diese Welt
und ihre Geschichte,
die unsre,
die deine,
die meine.
Gute Arbeit und Spiel,
Ruhe und Liebe,
Feste des Lebens,
geborgen im Alltag,

aus ihm kommend
und doch ihm enthoben.

Bevorzugter Ort unserer Wünsche:
die Feste der Liebe,
die Männer und Frauen
einander zugewandt erleben.

All diese Feste
sind eine Verheißung,
dass Hoffnung auf Leben
kein Trug,
keine Täuschung.

Spuren gelungenen Lebens;
sie geben uns eine Ahnung von dem,
was noch aussteht:
von gutem, ewigem Leben.

# Kultur der Urwünsche

## Zwang zur Kultivierung

Es besteht kein Zweifel darüber, dass ein Unterschied besteht zwischen dem Wissen um die Urwünsche und ihrer Kultur, also dem Umgang des Menschen mit ihnen. Ein solcher Unterschied ist typisch für den Menschen. Er unterscheidet ihn von den anderen höheren Lebewesen. Diesen ist nämlich für den Umgang mit ihren Antrieben ein Instinkt, also ein Verhaltensprogramm, mitgegeben. Der Mensch aber ist nicht festgelegt, so sagen die Anthropologen. Er ist instinktarm, weltoffen, also kulturbedürftig. Es gibt so etwas wie einen „Zwang zur Kultivierung" menschlicher Urwünsche. Daraus folgt aber schon: Ob Leben gut ist oder nicht, ob einer sagen wird, es ist besser zu leben als nicht zu leben, hängt eng mit der Kultur der Urwünsche zusammen.

## Gute und bösartige Stilisierung

Damit steht in Verbindung, dass die Kultur der Urwünsche gelingen, aber auch misslingen kann. Zugespitzt: Es gibt eine gute und eine bösartige Kultivierung menschlicher Grundwünsche. Wir zitieren dafür beispielhaft ehewissenschaftliche Erkenntnisse:
- So kann der Urwunsch nach einem *Namen*, nach Zärtlichkeit, Zuwendung, Eros und Sexualität positiv gestaltet werden und zeigt sich dann als Gemüthaftigkeit, Gefühlswärme, Kontaktfreude, Takt und Zartgefühl; Loyalität, Konzilianz, Vertrauenswürdigkeit, Vertrauen und Frömmigkeit; Anmut, Schönheitssinn und Geschmack; Sinnenfreude und Wollust. – Zärtlichkeitssucht, Herbheit, Trockenheit, Kälte; Geborgenheitssucht, Vertrauensseligkeit, Gefühlskälte, Misstrauen; Ästheti-

zismus, Geschmacklosigkeit, Banausentum, Ausschweifung und sexuelle Verneinung werden als missglückte Formen des Umgangs mit dem Urwunsch nach Ansehen, Zuwendung, Eros und Sexualität erwähnt.

- Ähnlich ist es mit dem Umgang mit *Macht*, dem Geltungsstreben. Eigenwilligkeit, Stolz, Würde, Freiheitsbewusstsein und Einordnungsfähigkeit gelten als positive Formen; Geltungs- und Herrschsucht, Trägheit, Übergefügigkeit und Unterwürfigkeit als negative.
- Schließlich gibt es auch eine schlechte Kultur des *Besitzstrebens:* Optimismus, Unternehmungslust, Genussfähigkeit; Sparsamkeit und Ökonomie, Großzügigkeit werden der Habgier, dem scheelen Neid, dem Geiz und der Verschwendungssucht gegenübergestellt.[12]

## Das Leiden an der Endlichkeit

Ganz wichtig ist, dass es nicht nur gegenläufige Gestaltungsformen gibt, sondern auch unterschiedlich intensive Erfahrungsweisen. Typisch für uns Menschen ist ein unentrinnbares Leiden an der Endlichkeit. Wer kennt nicht die Maßlosigkeit seines Sehnens? Wer hat nicht schon erlebt, wie vermeintliche Erfüllungen trügerisch, vergänglich sind, dass Feste vergehen und „scheitern"?

Es bleibt ein andauerndes Missverhältnis zwischen den Wünschen und ihrer Erfüllung. Hoffnungen haben eine eigenwillige Art „vorzukommen". Die wohl wichtigste Weise ihrer „Erfüllung" sind die Feste, die „Momente", wie Henri Lefebvre sie nennt.[13] Solche Momente sind uns vertraut. Da gibt es eine Sternstunde, in der einem etwas Bedeutsames

---

[12] Heigl-Evers/Heigl: Geben und Nehmen in der Ehe. Gelten und Geltenlassen in der Ehe. Lieben und Geliebtwerden in der Ehe.
[13] Lefebvre, Henri: Das Alltagsleben in der modernen Welt, Frankfurt 1972. – Ders.: Critique de la vie quotidienne, Paris ²1959, 1963.

„aufgeht". Es gibt das Erlebnis höchst schöpferischer Arbeit. Wer denkt nicht an die Feste der Liebe, die Mann und Frau, einander zugewandt, begehen? Wer hat nicht schon erlebt, wie einen ein spannendes Spiel „packen", „einfangen" kann? Erkennen, gute Arbeit, Spielen, Lieben: das sind Momente guten, befriedigenden Lebens. Typisch für diese Momente, die man Feste nennen sollte, ist, dass in ihnen die Urwünsche in einer intensiven Weise befriedigt werden. Aber es ist nicht die „normale Form" des Erlebens.

Dies wird daran erkennbar, dass die Alltagszeit aussetzt, Momente haben ihre eigene „Zeit", und wer aus einem Moment in den Alltag zurückkehrt, wird sagen: Wie ist doch die Zeit vergangen! Es sind Erfahrungen in die Tiefe, nicht in die Länge der Zeit.

So sehr in diesen Momenten Urwünsche „befriedigt" werden, also „Frieden" finden: sie sind dennoch nicht in der Lage, die Sehnsucht ganz zu stillen. Typisch für die Momente ist also, dass sie im Grund „scheitern". Sie lassen eine Erfahrung machen, in der gutes, intensives, ganzes Leben „vorkommt"; aber sie sind nicht dieses schlechthin sinnvolle oder, soll man sagen, das erträumte „ewige Leben", in dem das Sehnen des menschlichen Herzens wahrhaft zur Ruhe kommt. Es besteht ein Unterschied zwischen „befried(ig)en" und „erfüllen". „Momente" haben daher einen höchst zwiespältigen Geschmack:

- Einerseits machen sie deutlich, dass das Sehnen des Menschen nicht völlig trügerisch ist; dass sein Hoffen nicht ganz ins Leere läuft; dass es also gut ist zu leben, zumindest besser als nicht zu leben; die Erinnerung an erfahrene Momente lässt dann den durchschnittlichen guten oder verarmten Alltag bestehen; noch mehr, aus der Erinnerung an erlebte Feste wächst der neuerliche Wunsch nach guter Arbeit, nach Erkennen, Spiel und Liebe. Obwohl Fragment und nicht Erfüllung, halten die momenthaften Erfahrungen die Sehnsucht wach. Sie hindern uns, abzusinken in die tödliche, leblose Erwartungslosigkeit. Freilich, es gehört zur Eigenwilligkeit von Momenten, dass sie sich nicht „machen" lassen. Eine Erkenntnis „geht auf", ein Spiel „packt" uns, wir werden vom Rausch der Liebe „ergriffen", ein aufregendes Spiel „reißt uns mit". So fallen uns die guten Erfahrungen zu. Eines vermag freilich der Mensch: Er kann das Aufkommen der Momente verhindern. Ist sein Alltag arm, zerstört, oberflächlich, werden sich auch Momente nicht einstellen. Der Boden, auf dem Feste wachsen, ist der gute, der versöhnte Alltag.

- Andererseits erzeugt das Scheitern der Momente Leid und Schmerz. Es ist fast unerträglich zu erleben, wie maßlose Sehnsucht stets nur andeutungsweise befriedet wird. Es macht viele rastlos und lässt sie, nach der Art des Don Giovanni, von einer erhofften Befried(ig)ung zur anderen eilen, mit dem vorhersehbaren Ausgang, dass auch die neue Erfahrung nicht die Erfüllung sein wird, sondern lediglich die Sehnsucht schürt. Wie kann der Mensch da noch sinnvoll leben? Wer versteht nicht die Versuchung der Stoiker, die Sehnsucht auszurotten? Wer nicht mehr sehnt, wird auch nicht enttäuscht. Wer anspruchslos ist, ist in einer beruhigenden Weise „frei". Sollte also das Sehnen eine Illusion sein, eine Täuschung, die am besten ent-täuscht wird? Sollte der Baufehler des Menschen nicht gerade in der Maßlosigkeit, in der Unendlichkeit seiner Wünsche bestehen? Ist nicht der am besten beraten, der seine Wünsche stoisch tötet?[14] Wir werden sehen, dass die Kultur der evangelischen Räte eine Weisung zum Umgang genau mit dieser Grundspannung menschlichen Lebens ist. Sie bringen eine Beruhigung der menschlichen Daseinsangst, aber nicht durch stoische Dämpfung der Wünsche. Vielmehr treiben sie die Maßlosigkeit der Wünsche auf die Spitze, halten aber ihre letzte Sättigung und Erfüllung gläubig über

---

[14] Cioran, Emile M.: Lehre vom Zerfall, Stuttgart ²1979.

menschliche Erfüllbarkeit hinaus offen. Der menschlichen Versuchung wird widerstanden, die Urwünsche an endlich-menschliche Erfüllung anzupassen. Vielmehr wird die Unendlichkeit des Wunsches erkennbar als eine Ahnung von einem Fest, das noch aussteht, in dem der Unendliche selbst für den Menschen Erfüllung und Seligkeit sein wird.

Gewiss wird dann der Ungläubige sagen, das wäre schön. Aber ist es auch wirklich so? Gibt es diese Seligkeit tatsächlich, gibt es also Auferweckung durch einen Gott, der sich uns schenkt und darin unser unruhiges Herz zur Ruhe bringt?

## Ewiges Leben

*Dann sah ich einen neuen Himmel und eine neue Erde; denn der erste Himmel und die erste Erde sind vergangen, auch das Meer ist nicht mehr.*

*Ich sah die heilige Stadt, das neue Jerusalem, von Gott her aus dem Himmel herabkommen; sie war bereit wie eine Braut, die sich für ihren Mann geschmückt hat.*

*Da hörte ich eine Stimme vom Thron her rufen: Seht die Wohnung Gottes unter den Menschen! Er wird in ihrer Mitte wohnen, und sie werden sein Volk sein; und er, Gott, wird bei ihnen sein.*

*Er wird alle Tränen von ihren Augen abwischen: Der Tod wird nicht mehr sein, keine Trauer, keine Klage, keine Mühsal. Denn was früher war, ist vergangen.*

*Er, der auf dem Thron saß, sprach: Seht, ich mache alles neu. Und er sagte: Schreib es auf, denn diese Worte sind zuverlässig und wahr.*

*Er sagte zu mir: Sie sind in Erfüllung gegangen. Ich bin das Alpha und das Omega, der Anfang und das Ende. Wer durstig ist, den werde ich umsonst aus der Quelle trinken lassen, aus der das Wasser des Lebens strömt.*

*Wer siegt, wird dies als Anteil erhalten: Ich werde sein Gott sein, und er wird mein Sohn sein.*
(Offb 21,1–7)

1. Wer die Bibel aufmerksam liest, wird entdecken, dass ewiges Leben, wie es uns verheißen ist, als übermäßige und ausufernde Erfüllung der maßlosen Sehnsüchte und Urwünsche des Menschen durch Gott selbst beschrieben wird:

- Gott wird unseren *Namen* nicht vergessen. Er wird im Tod uns beim Namen rufen, also auferwecken; unsere Namen werden im Buch des Lebens zu finden sein; ja, eingetragen in die Hand (Symbol Leben schaffender Schöpferkraft) Gottes wird unser Name sein.

- Gott wird unsere Freiheit, unsere *Macht*, unsere Liebeskraft entgrenzen. „Über den Wolken wird die Freiheit grenzenlos sein", so ein bekanntes Chanson, welches eine menschheitsalte religiöse Sehnsucht in profaner Sprache ausdrückt. Wir werden auf Thronen sitzen und „herrschen": also so frei sein, dass niemand mehr vom anderen abhängig ist; aus dem helfenden Füreinander der Erdenzeit wird das frei-liebende Miteinander der Erlösten werden. Es wird das große Fest der Befreiung durch die Befreiten gefeiert – ein Fest, das Sonntag um Sonntag von den ersten Freigelassenen der Schöpfung[15] schon jetzt begangen wird. Die Fragmente unseres Lebens wird Gott („wie durch Feuer hindurch") ausheilen, auswachsen zu einem Ganzen. Der Tod wird hinter uns sein, weil vor uns nur noch die Liebe ist (Dorothee Sölle).[16] „Er führt uns hinaus ins Weite, er befreit uns, weil er uns liebt" (Ps 18,20).

---

[15] Möller Michael: Die ersten Freigelassenen der Schöpfung. Das Menschenbild von Johann Gottfried Herder im Kontext von Theologie und Philosophie der Aufklärung, Frankfurt 1998.

[16] Sölle, Dorothee: Fliegen lernen. Gedichte, Berlin 1979, 21.

- Gott wird uns *Heimat* sein. Jesus sagt, dass er hingeht, um für uns Wohnungen zu bereiten (Joh 14,2). Es wird ein neuer Himmel sein, eine neue Erde, eine neue Stadt, in der Gott unter uns wohnt (Offb 21,1–8). Gott wird für uns eine feste Burg, ein Fels, ein bergender Hort sein (Ps 18).
- Übervolle Erfüllung menschlicher Sehnsucht nach dem ganzen, heilen, entgrenzten, erfüllten, schlechthin sinnvollen Leben: das und noch unvorstellbar mehr wird das ewige Leben sein, das wir gläubige Christen erhoffen.

2. Kann solche Hoffnung nicht die Angst des Menschen zähmen, dass seine unendlichen Hoffnungen nur endliche Befriedigung finden könnten, weil die „Momente" intensiven Lebens im Erkennen, in guter Arbeit, im Spiel, in der Liebe, stets „scheitern"? Sie rufen uns zwar die Maßlosigkeit und Unendlichkeit der Sehnsucht des Menschen nachhaltig in Erinnerung. Zugleich konfrontiert uns ihr Scheitern aber mit der Aussichtslosigkeit, dass es jetzt für die unendlichen Wünsche auch eine unendliche, also wahrhaft angemessene Erfüllung durch Menschen und Güter geben könnte. Diese Angst aber treibt viele von uns von einem „Fest" zum anderen: was die Fähigkeit zum Feiern und damit selbst die wenigen Momente des Lebens zerstört.

3. Wer die zuverlässige Hoffnung hat, dass es einmal ein Fest gibt, das nicht scheitern wird: Hält ein solcher Mensch es nicht eher aus, dass die jetzigen Feste vergänglich, endlich und begrenzt sind, gemessen an der maßlosen Sehnsucht des Menschen also „scheitern"? Damit könnte aber dem Leben Angst und Krampf genommen werden. Wir könnten anfangen, Endliches zu genießen. Noch mehr, wir würden frei, füreinander zu leben, also zu lieben.

4. Weiter: Selbst die Endlichkeit unserer Feste könnte uns einen guten Dienst erweisen. Sie wären imstande, unsere maßlose Sehnsucht wach zu halten. Ist der Satte nicht zugleich auch der Träge, jener, der sesshaft wird, mit dem Spatz in der Hand zufrieden ist und nicht mehr nach der

Taube auf dem Dach verlangt? Die Enttäuschung unserer tiefen Sehnsucht durch endliche Befriedigung wäre hilfreich, weil sie uns vor einem banalen Spießbürgertum schützen könnte. Ist es denn die Erfüllung der Sehnsucht, die uns am Leben hält? Oder ist es nicht doch die ungestillte Sehnsucht, die lebendig erhält? Noch mehr: Ist das Offenbleiben der Sehnsucht nicht Gottes charmante (also gnadenhafte) Art, sich bei uns Gottvergessenen in Erinnerung zu halten?
5. Endliche Feste könnten auf diese Weise zu einer Ahnung werden vom Fest des ewigen Lebens. Vorzüglich hat dies Marie Luise Kaschnitz[17] beschrieben:

## Ein Leben nach dem Tod

Glauben Sie fragte man mich
An ein Leben nach dem Tode
Und ich antwortete: ja
Aber dann wußte ich
Keine Auskunft zu geben
Wie das aussehen sollte
Wie ich selber
Aussehen sollte
Dort.
Ich wußte nur eines
Keine Hierarchie
Von Heiligen auf goldnen Stühlen sitzend
Kein Niedersturz
Verdammter Seelen
Nur
Nur Liebe frei gewordene
Niemals aufgezehrte
Mich überflutend
Kein Schutzmantel starr aus Gold

[17] Aus: Marie Luise Kaschnitz, Gesammelte Werke in sieben Bänden. Fünfter Band: Die Gedichte © Insel Verlag Frankfurt am Main 1985

Mit Edelsteinen besetzt
Ein spinnwebenleichtes Gewand
Ein Hauch
Mir um die Schultern
Liebkosung, schöne Bewegung
Wie einst von tyrrhenischen Wellen
Wie von Worten die hin und her
Wortfetzen
Komm du komm
Schmerzweb mit Tränen besetzt
Berg- und Tal-Fahrt
Und deine Hand
Wieder in meiner
So lagen wir lasest du vor
Schlief ich ein
Wachte auf
Schlief ein
Wachte auf
Deine Stimme empfängt mich
Entläßt mich und immer
So fort
Mehr also, fragen die Frager
Erwarten Sie nicht nach dem Tode?
Und ich antworte
Weniger nicht

# Glauben als Verortung einer Utopie

## Leben von der Auferstehung her

Der gläubige Christ schlägt seine Lebenswurzeln in Gott. Das alte Wort von he'emin, glauben, kommt von aman, in dem unser Amen steckt und das festigen, „Wurzeln" schlagen heißt. Gläubiges Leben erwächst aus der Verwurzelung des Menschen im lebendigen Gott. Es ist ein Leben aus der Zukunft her. Der Gläubige erhofft die Erfüllung seines Lebens von Gott, wie er ja auch schon sein Leben, wie er es vorfindet, mit all seinen Urwünschen, als Gabe Gottes versteht. Somit lebt der Gläubige aus einer Hoffnung, deren Erfüllung zwar noch aussteht, die aber jetzt schon sein Leben bestimmt. Ausstehen heißt noch keinen Ort haben; griechisch aber ist „kein" = „ou" und „Ort" = „topos". Der Gläubige lebt also aus der Kraft einer U-Topie. Indem er aber aus ihr lebt, gibt er ihr in seinem Leben bereits einen anfänglichen „Topos", einen Ort. So ist Glaube eine „Verortung" des noch Ortlosen, einer Utopie. Ewiges Leben ragt gleichsam spurenhaft in dieses vergängliche Leben herein. Die erhoffte Auferstehung fängt schon an in unserer gläubigen Hoffnung, aber auch in unserer Lebenspraxis. Wir sind schon vom Tod zum Leben übergegangen, weil wir einander lieben, so die Erfahrung der ersten Christen (1 Joh 3,14). Wir brauchen uns nicht mehr krampfhaft um unser eigenes Leben und darin die Erfüllung von Urwünschen zu zersorgen; dies kann der Gläubige aufs Ganze gesehen getrost seinem Gott überlassen. Damit wird er aber frei, sich an der Sorge Gottes für alle Menschen zu beteiligen, damit sie Spuren von gutem Leben erleben und eine Ahnung bekommen von jenem Leben, das noch aussteht und das Gott selbst für alle sein will.

Unglaube wäre dann, selbst das Heft in die Hand zu nehmen und Gottes Lebenswillen für uns zu misstrauen.

Wir schauen uns diese Logik von Glauben und Unglauben an zwei biblischen Gestalten und Begebenheiten an: an Abraham, dem „Vater der Glaubenden", und an der Versuchungsgeschichte Jesu.

## Abraham glaubte

*Der Herr sprach zu Abram: Zieh weg aus deinem Land, von deiner Verwandtschaft und aus deinem Vaterhaus in das Land, das ich dir zeigen werde.*

*Ich werde dich zu einem großen Volk machen, dich segnen und deinen Namen groß machen. Ein Segen sollst du sein.*

*Ich will segnen, die dich segnen; wer dich verwünscht, den will ich verfluchen. Durch dich sollen alle Geschlechter der Erde Segen erlangen.*

*Da zog Abram weg, wie der Herr ihm gesagt hatte, und mit ihm ging auch Lot. Abram war fünfundsiebzig Jahre alt, als er aus Haran fortzog.*

(Gen 12,1–4)

Das Alte Testament erzählt hier die Geschichte des israelitischen Volkes. Allerdings hat es eine eigenwillige Perspektive: Die Geschichte Abrams wird als Geschichte Gottes mit seinem Volk verstanden. Am Lebensgeschick Abrams (der dann als Vater der Menge auf Abraham umbenannt wurde) wird deutlich, dass diese Geschichte nicht von Menschen angefangen wurde und nicht (allein) von ihnen vorangetrieben wird. Abram ist einer, der angesprochen ist und deshalb hinhorcht auf Gottes Absicht mit ihm. Er hat begriffen, dass nicht er seine Zukunft schaffen muss und auch gar nicht kann. Er verlässt sich auf Gott, der für ihn und durch ihn für die vielen Leben und Zukunft ist. Deshalb bricht er auf aus der Sesshaftigkeit seines gewohnten Lebens und schreibt die Geschichte seines Lebens an Hand von Gottes Verheißung. Abraham glaubt, so nennt die Bibel diese Grundhaltung. Abraham hört, horcht, gehorcht; er verlässt sich auf Gott und tut, was er als Gottes Absicht erahnt und erkennt.

Ein bequemer Weg? Ja und auch nein. Hinhorchen, erahnen, was Gottes Absicht mit uns ist, sich darauf verlassen und danach handeln, ist keineswegs leicht. Abram verlässt seine Heimat. Er geht ein gewaltiges Risiko ein. Was ihn gehen lässt, ist „sein Gott" und dessen Verheißung von Leben und Zukunft. Er setzt auf Gott, überlässt sich dessen Absichten, von denen die Bibel nur sagt, dass Abraham um sie weiß, nicht aber, wie er zu diesem Wissen gekommen ist. Das alles ist starkmütig, kühn und unbequem, also nicht Sache von Leuten, die dem Risiko aus dem Weg gehen. Glaube ist also keineswegs verantwortungsarme Tatenlosigkeit. Glaube wird zum Handeln, zur Tat, wird „leibhaftig", schreibt sich tief ein in die Geschichte des Lebens und Zusammenlebens der Menschen, also in die Gesellschaft. Entscheidend ist, dass der Glaubende sich auf Gott verlässt und damit darauf, dass Gott das Leben eines Menschen, der Menschheit, in der Hand hat und uns Leben gönnt.

Unglaube, wie die Bibel ihn versteht, kommt dort auf, wo Menschen Gott misstrauen und deshalb meinen, ihr Leben könnten und müssten sie allein schaffen. Auch Abraham erlebt Momente solchen Unglaubens. Als er nach Ägypten kommt und um seine Zukunft besorgt ist, verlässt er sich nicht mehr auf Gott, sondern bittet seine Frau Sarah: „Sag doch, du seiest meine Schwester, damit es mir deinetwegen gut geht und ich um deinetwillen am Leben bleibe" (Gen 12,10–20, hier 13). Der Ungläubige sagt: Auf Gott ist kein Verlass. Wir müssen es selbst schaffen. Wir können unser Leben und unsere Zukunft sichern und versichern: Und dies nicht zuletzt durch das, was wir in unserem Leben als Gabe vorfinden, also durch unsere Ehe, durch unsere Macht, durch unseren Besitz. Wir richten uns gleichsam in diesen Gütern ein, verschließen uns in ihnen, werden in ihnen „sesshaft". Sesshaftigkeit (in vielen Variationen: physisch, psychisch, geistlich) wird so zum „Sakrament des Unglaubens". Es ist eine Sesshaftigkeit, deren Übersetzung heißt: Gott, wir haben uns eingerichtet und brauchen dich nicht mehr. Dadurch wird Gott für bedeutungslos erklärt, oder – was noch dramatischer ist – er wird zum Feind menschlicher Freiheit und von uns allein verantworteter Zukunft. Kein Zweifel, solcher Unglaube erscheint mutig; manchmal aber ist er als krampfhafter Selbstbehauptungswille anstrengender als Glaube, der auf Gott vertraut.

## Leibhaftig glauben

Jesus finden wir ganz auf der Linie Abrahams und seines Glaubens. Das, worum sich sein Leben dreht, ist Gott, den er zärtlich Abba, Vater, nennt. Gottes Willen zu tun ist seine Speise (Joh 4,34). Und alle, die ihm nachfolgend so leben wie er, zählt er zu jenen, in denen Gottes Absicht, Gottes Reich wirklich geworden ist.

Solches Glauben von Christen ist aber nicht allein eine Frage der inneren Gesinnung, des Herzens, wenngleich es dort seine Mitte hat. Volle menschliche Gestalt gewinnt dieser Glaube in raum-zeitlichen, also leiblichen Taten des Menschen. Glaube, will er ausreifen, wird „leibhaft", erfährt eine „Inkarnation". Dass Abraham glaubte, kann man daran ablesen, dass er nicht sesshaft blieb, sondern aufbrach und seine Heimat verließ. Ob wir wirklich glauben, wird nicht an unseren großen Worten, sondern in unseren Taten deutlich. Glaube ist erst dann ganz menschlich, wenn er leibhaftig wird.

Ist dieses Prinzip der Verleiblichung (Inkarnation) einmal anerkannt, wird auch leicht verständlich, dass leibhaftiges Glauben vor allem unsere tiefen menschlichen Urwünsche prägt und formt. Der Umgang mit dem Wunsch nach Namen (Zuwendung, erkennen und erkannt werden), der Umgang mit dem Wunsch nach Freiheit, Macht und Beweglichkeit sowie der Umgang mit dem Wunsch nach Heimat und

Besitz können somit die Gesinnungen unseres Herzens offenbar machen. Die Kultur der Urwünsche wird zu einer Konkretion unseres Glaubens bzw. Unglaubens.

Diese Überlegung ist unseres Erachtens inhaltsgleich mit dem bekannten Text aus dem Jakobusbrief, wobei die leibhaftigen Konkretionen des Glaubens „Werke" genannt werden:

*Meine Brüder, was nützt es, wenn einer sagt, er habe Glauben, aber es fehlen die Werke? Kann etwa der Glaube ihn retten?*

*Wenn ein Bruder oder eine Schwester ohne Kleidung ist und ohne das tägliche Brot und einer von euch zu ihnen sagt: Geht in Frieden, wärmt und sättigt euch!, ihr gebt ihnen aber nicht, was sie zum Leben brauchen – was nützt das? So ist auch der Glaube für sich allein tot, wenn er nicht Werke vorzuweisen hat.*

*Nun könnte einer sagen: Du hast Glauben, und ich kann Werke vorweisen; zeig mir deinen Glauben ohne die Werke, und ich zeige dir meinen Glauben aufgrund der Werke. Du glaubst: Es gibt nur den einen Gott. Damit hast du Recht; das glauben auch die Dämonen, und sie zittern. Willst du also einsehen, du unvernünftiger Mensch, dass der Glaube ohne Werke nutzlos ist? Wurde Vater Abraham nicht aufgrund seiner Werke als gerecht anerkannt? Denn er hat seinen Sohn Isaak als Opfer auf den Altar gelegt. Du siehst, dass bei ihm der Glaube und die Werke zusammenwirkten und dass erst durch die Werke der Glaube vollendet wurde. So hat sich das Wort der Schrift erfüllt: Abraham glaubte Gott, und das wurde ihm als Gerechtigkeit angerechnet, und er wurde Freund Gottes genannt. Ihr seht, dass der Mensch aufgrund seiner Werke gerecht wird, nicht durch den Glauben allein. Wurde nicht ebenso auch die Dirne Rahab durch ihre Werke als gerecht anerkannt, weil sie die Boten bei sich aufnahm und dann auf einem anderen Weg entkommen ließ? Denn wie der Körper ohne den Geist tot ist, so ist auch der Glaube tot ohne Werke.*

(Jak 2,14–26)

# Jesu Versuchung in der Wüste

*Dann wurde Jesus vom Geist in die Wüste geführt; dort sollte er vom Teufel in Versuchung geführt werden. Als er vierzig Tage und vierzig Nächte gefastet hatte, bekam er Hunger. Da trat der Versucher an ihn heran und sagte: Wenn du Gottes Sohn bist, so befiehl, dass aus diesen Steinen Brot wird. Er aber antwortete: In der Schrift heißt es: Der Mensch lebt nicht nur von Brot, sondern von jedem Wort, das aus Gottes Mund kommt. Darauf nahm ihn der Teufel mit sich in die Heilige Stadt, stellte ihn oben auf den Tempel und sagte zu ihm: Wenn du Gottes Sohn bist, so stürz dich hinab; denn es heißt in der Schrift: Seinen Engeln befiehlt er, dich auf ihren Händen zu tragen, damit dein Fuß nicht an einen Stein stößt.*

*Jesus antwortete ihm: In der Schrift heißt es auch: Du sollst den Herrn, deinen Gott, nicht auf die Probe stellen. Wieder nahm ihn der Teufel mit sich und führte ihn auf einen sehr hohen Berg; er zeigte ihm alle Reiche der Welt mit ihrer Pracht und sagte zu ihm: Das alles will ich dir geben, wenn du dich vor mir niederwirfst und mich anbetest. Da sagte Jesus zu ihm: Weg mit dir, Satan! Denn in der Schrift steht: Vor dem Herrn, deinem Gott, sollst du dich niederwerfen und ihm allein dienen. Darauf ließ der Teufel von ihm ab, und es kamen Engel und dienten ihm.*

(Mt 4,1–11)

Versuchung setzt das gläubige Vertrauen in Gott auf den Prüfstand. Zugespitzt geht es darum, weiterhin aus der Verwurzelung in Gott oder misstrauisch gegen Gott auf eigene Faust zu handeln. Thema der Versuchung sind die uns schon vertrauten leibhaftigen Urwünsche jedes Menschen: Brot (Besitz, Heimat), Macht (Freiheit, Beweglichkeit), Name (als Ansehen, als Anerkanntsein). In der dramatischen Erzählung soll Jesus vom Widerpart Gottes dazu gebracht werden, sich nicht mehr auf seinen Gott zu verlassen, sondern selbst das Heft in die Hand zu nehmen, um so seine Ziele zu erreichen.

- So soll er sich aus Steinen *Brot* machen: also sich selbst-mächtig am Leben erhalten, statt „Gott seine Speise" sein zu lassen.
- Er soll sich alle *Macht* der Welt aneignen, um herrscher-lich-gewaltsam sein Reich durchzusetzen: statt Gottes Reich in Ohnmacht anbrechen zu lassen.
- Er soll sich in einer mächtigen Show dem Publikum prä-sentieren, das immer schon Brot und Spiele wünscht, um *anerkannt* zu sein und anzukommen. Er soll „seinen Weg" gehen, und aufhören, nach der Absicht seines Va-ters mit ihm zu fragen.

Ein „Macher-Messias" wird ihm vorgegaukelt. Eine wahr-haft satanische, also ungläubige Variante zum Weg Jesu. Je-sus bleibt widerständig gegen dieses Abdriften von Gottes Absicht mit ihm und uns:

- Er hungert, aber nach dem Wort, das aus dem Mund Gottes kommt (Mt 4,4; Dtn 8,3).
- Er verweigert den Griff nach der Macht über die Reiche dieser Welt, weil er der (Ohn-)Macht Gottes traut.
- Er verzichtet auf den raschen Showeffekt, weil ihm Got-tes Ansehen mehr bedeutet als der Applaus launischer Mengen.

Durchgängig in Jesu Handeln ist, dass er sich nach seinem Gott ausrichtet und von da aus den Umgang mit Besitz, Macht und Ansehen bestimmen lässt. Er bleibt arm und be-dürftig, brotlos; er hält es durch, ohnmächtig zu sein und so seinen Auftrag in Angriff zu nehmen; er heischt nicht begie-rig nach menschlichem Ansehen, weil ihm Gottes Ansehen genügt.

Jesus zeigt damit aber die Perspektive einer christlichen Kultur menschlicher Urwünsche auf. Ohne Brot, Macht und Ansehen abzuwerten, lässt er es nicht zu, dass sie Gott aus seinem Leben verdrängen. Er setzt nicht auf Brot, Macht und Ansehen, die er sich selbst beschaffen könnte, sondern stellt sie zurück, damit deutlich bleibt, von wo her er lebt: von seinem himmlischen Vater.

# Die evangelischen Räte

## Erwarten

*Dann wird es mit dem Himmelreich sein wie mit zehn Jungfrauen,*
*die ihre Lampen nahmen und dem Bräutigam entgegengingen.*
*Fünf von ihnen waren töricht, und fünf waren klug. Die törichten*
*nahmen ihre Lampen mit, aber kein Öl, die klugen aber nahmen*
*außer den Lampen noch Öl in Krügen mit. Als nun der Bräutigam*
*lange nicht kam, wurden sie alle müde und schliefen ein. Mitten in*
*der Nacht aber hörte man plötzlich laute Rufe: Der Bräutigam*
*kommt! Geht ihm entgegen! Da standen die Jungfrauen alle auf*
*und machten ihre Lampen zurecht. Die törichten aber sagten zu*
*den klugen: Gebt uns von eurem Öl, sonst gehen unsere Lampen*
*aus. Die klugen erwiderten ihnen: Dann reicht es weder für uns*
*noch für euch; geht doch zu den Händlern und kauft, was ihr*
*braucht. Während sie noch unterwegs waren, um das Öl zu kau-*
*fen, kam der Bräutigam; die Jungfrauen, die bereit waren, gingen*
*mit ihm in den Hochzeitssaal, und die Tür wurde zugeschlossen.*
*Später kamen auch die anderen Jungfrauen und riefen: Herr, Herr,*
*mach uns auf! Er aber antwortete ihnen: Amen, ich sage euch: Ich*
*kenne euch nicht. Seid also wachsam! Denn ihr wisst weder den*
*Tag noch die Stunde.*
    (Mt 25,1–13)

Christen, wenn sie solche sind, erkennt man an ihrer „Jungfräulichkeit". Es sind Leute, die etwas erwarten: Die Bibel
spricht vom Bräutigam, vom Hochzeitsmahl, vom Reich
Gottes, von der Wiederkunft Christi.

So besehen ist Jungfräulichkeit weit mehr als Nichtverhei-
ratetsein. Vielmehr meint sie die Fähigkeit des Wartens, des
Erwartens. Ihr verwandt sind Erfahrungen wie ungesättigt,
neugierig sein, leidvoller Appetit, aussein auf jemanden, un-
genügsam sein, viel zu wünschen übrig lassen.

Wer aber erwartet, ist wachsam; er bleibt unterwegs und
gerüstet, er sorgt vor, dass er für die Ankunft bereit ist. Sol-

ches Warten enthebt ihn nicht seines alltäglichen Lebens. Die klugen und törichten Jungfrauen unterscheiden sich nicht darin, dass sie Menschen sind, ermüden und einschlafen; nicht einmal darin besteht der Unterschied, dass sie zur Hochzeit wollen: Zum Hochzeitsfest, zum Bräutigam (als Symbol des Lebenspenders?), zum Fest des Lebens wollen die meisten.

Aber bei den einen hat dies Auswirkungen auf ihr jetziges Leben, sie sind klug, sie haben ihre fünf Sinne beisammen und haben sich mit dem Öl versorgt. Sie haben nämlich begriffen, worauf es ankommt: Als Liebende den Bräutigam zu erwarten und deshalb jederzeit bereit zu sein, ihn zu empfangen.

Sollten die törichten Jungfrauen jene sein, die ihre fünf Sinne nur oberflächlich verwenden und bei den vordergründigen Dingen hängen bleiben? So fehlt ihnen das Öl, und es kann ihnen auch von den kluggewordenen jungen Frauen nicht gegeben werden: denn im Lieben ist jeder von uns unvertretbar.

Liebendes Erwarten (und so gesehen Jungfräulichkeit) ist ein inneres Moment eines jeden christlichen Glaubens: „Wie der Hirsch lechzt nach frischem Wasser, so lechzt meine Seele, Gott, nach dir. Meine Seele dürstet nach Gott, nach dem lebendigen Gott" (Ps 42,2). Erwartungslosigkeit wird dann aber zum Ausdruck von Nichtglauben(können).

Solche Jungfräulichkeit kann sich – wie wir noch sehen werden – ausdrücken in „Ehelosigkeit". Hat man aber die Jungfräulichkeit als inneres Moment jedes christlichen Glaubens begriffen, dann sind auch christliche Eheleute „jungfräulich". Sie widerstehen der Versuchung, alles von ihrem Ehepartner zu erwarten. Die ersten Christen hatten dafür ein waches Bewusstsein. Zwar galt einerseits die Liebe und Treue der Eheleute als Veranschaulichung der Liebe Gottes zu uns Menschen (die wieder vollendet dargestellt ist in der Liebe Jesu zu seiner Kirche: vgl. Eph 5). Andererseits wurde dieselbe Ehe auf das anbrechende Reich

Gottes hin gewaltig relativiert: Wozu sich noch in vergänglichem kleinem Glück einrichten, wenn die große Erfüllung von Gott her schon im Anbrechen ist! So haben viele im Taumel der naherwarteten Wiederkunft Christi (und damit der Umwandlung der Welt in eine neue Erde) erst gar nicht mehr geheiratet. Etwas vom erwarteten „himmlischen Zustand" wurde sofort vorweggenommen: denn dann sollte jeder zu solch entgrenzter Liebe fähig sein, dass eine Begrenzung seiner Liebesfähigkeit auf einen Partner in der Ehe nicht mehr sinnvoll ist: Alle werden in Gott mit allen eins sein.

Solche Praxis des Reiches Gottes fing man schon gleich an zu leben. Man gab der „Utopie" einen vorläufigen Ort. Verstand man doch die Christengemeinden als Ortschaften in dieser vergänglichen Welt, in denen das kommende Reich schon angebrochen und für alle anschaulich da ist.

Als dann freilich deutlich wurde, dass die Wiederkunft Christi und damit das Ende dieser Weltzeit so nah noch nicht ist, wurde unter Christen wieder selbstverständlicher geheiratet. Aber sie haben sich nicht „eingerichtet". Die Relativierung der Ehe durch das verborgen schon angebrochene Reich Gottes blieb erhalten. „Denn ich sage euch, Brüder: Die Zeit ist kurz. Daher soll, wer eine Frau hat, sich in Zukunft so verhalten, als habe er keine, wer weint, als weine er nicht, wer kauft, als würde er nicht Eigentümer, wer sich die Welt zunutze macht, als nutze er sie nicht; denn die Gestalt dieser Welt vergeht" (1 Kor 7,29–31).

Wie das Leben in einer solchen „jungfräulichen" Ehe aussieht? Ehe wäre dann ein gemeinsames „Dem-Herrn-Entgegengehen". Dies würde die Freude aneinander nicht schmälern[18]: Miteinander alt zu werden und im versöhnten und befriedeten Ehe- (und Familien-)alltag eingestreute Mo-

---

[18]  Dazu auch die Liebesenzyklika von Benedikt XVI.: Deus caritas est, Rom 2005. – Zulehner, Paul M.: Liebe und Gerechtigkeit. Zur Antrittsenzyklika von Benedikt XVI., Wien 2006.

mente intensiven Liebens und Lebens zu erleben, würde immer noch als Gabe jenes Gottes erfahren, der den Menschen erschaffen hat und ihm (schon vor dem Tod) ein Leben in Frieden (1 Kor 7,15) gönnt. Noch mehr, solche Momente intensiven Lebens könnten gelesen werden als Spuren gelungenen Lebens, die eine Ahnung geben von jenem großen Hochzeitsfest, das noch aussteht, die Hochzeit mit dem Leben schlechthin, wo der Tod hinter uns ist, weil vor uns nur noch die Liebe ist.

Doch eben die Erfahrung, dass auch das Leben in der Ehe nur spurenhafte Momente intensiven, erhofften Lebens eröffnet, könnte den Menschen in Erinnerung erhalten, dass die menschliche Sehnsucht nach Erfüllung so ver-rückt, so maßlos ist, ja so unendlich, dass ein endlicher Mensch sie nie erfüllen kann. Gerade wer in Ehe und Liebe gute Erfahrungen gesammelt hat, kann deswegen ein Wartender bleiben, also „jungfräulich". Er hat nämlich dann eine Ahnung von jenem Fest, das noch aussteht und das, anders als die endlichen Momente der Liebe, nicht mehr „scheitert" (Henri Lefebvre), nicht mehr vergeht. Die Bibel benennt das, worauf solche Liebeserfahrene warten: Das Genießen des (ewigen) Lebens und der Liebe schlechthin, die wir in einer gemeinsamen menschheitsalten Tradition „Gott" nennen.

Solche Relativierung der Ehe wäre nicht zuletzt für die Liebesbeziehung selbst gut. Zerstören nicht manche ihre Ehe, weil sie zu hohe Erwartungen aneinander haben? Erwarten sich nicht manche von der Liebesbeziehung den „Himmel auf Erden"? Wie viele sorgfältige Studien zeigen, sind die Erwartungen junger Leute und Unverheirateter an die Ehe nicht selten illusionär, derart romantisch überspannt, dass das Scheitern vorgezeichnet ist. Die relativierte, endliche, vergängliche Ehe wäre auch eine bessere Ehe. Sie wäre in diesem positiven Sinn ein „weltlich Ding", wie es Martin Luther formulierte, eine Erfahrung, die zu dieser endlichen Welt gehört. Der Ehepartner wäre dann auch nicht ständig überfordert. Der endliche, befriedigende Alltag könnte aufkommen, und in einem solchen versöhnten Alltag auch ersehnte Momente, deren Vergehen, deren „Scheitern" erträglich wäre, weil man gar nicht erwartet, dass sie die maßlose Sehnsucht des Menschen ganz und für immer erfüllten. Die fundamentale Daseinsangst wäre aus dem Glauben beruhigt, was ein menschliches Zusammenleben auch angesichts der ständigen Zersetzungsarbeit neurotischer Missverständnisse, Schuldgefühle und Ängste aller Art auf die Dauer ermöglicht (Eugen Drewermann).[19] In unserer theologischen Sprache hieße dies noch einmal: Es ist gut für Eheleute, sich gegenseitig zwar als Gabe Gottes, aber dennoch als begrenzte Gabe zu erleben, also nicht alles voneinander zu erwarten, sondern miteinander das Entscheidende, die letzte und bleibende Seligkeit von Gott zu erhoffen. Noch einmal: Solche und nur solche Eheleute wären im biblischen Sinn „jungfräulich".

„Jungfräulichkeit", wie wir sie hier im biblischen Kontext verstehen, hat viel mit Sehnsucht gemein. Der französische Psychotherapeut Jacques Lacan bezeichnet Sehnsucht – désir – als das Innerste der menschlichen Existenz. Dem entspricht die vertraute biblische Begebenheit von Martha und Maria am Grab ihres Bruders Lazarus und deren Auslegung durch Gregor den Großen; der spirituell erfahrene Kirchenlehrer kommt in diesem Zusammenhang auf die Bedeutung der Fähigkeit zum „Aufschub" zu sprechen:

„Als Maria Magdalena zum Grabe kam und dort den Leib Christi nicht fand, meinte sie, man habe ihn weggebracht, und sie meldete es den Jüngern. Diese kamen, sahen und glaubten, dass es sich so verhielt, wie die Frau gesagt hatte. Anschließend sagt die Heilige Schrift von ihnen: ‚Die Jünger kehrten wieder nach Hause zurück.' Dann heißt es: ‚Maria aber stand draußen vor dem Grab und weinte.' (Joh 20,10f.)

---

[19]  Drewermann, Eugen: Von der Not der in ihrer Ehe Scheiternden und dem Appell zur Treue, in: Diakonia 13 (1982), 37–47.

Hierbei ist zu beachten, welche Kraft der Liebe das Herz dieser Frau entzündet hatte, da sie das Grab des Herrn nicht verließ, als selbst die Jünger weggingen. Sie suchte den, den sie nicht gefunden hatte, und weinte beim Suchen. Vom Feuer der Liebe entzündet, glühte sie in Sehnsucht nach ihm, weil sie meinte, man habe ihn weggebracht. So kam es, dass sie allein ihn dort sah, weil sie geblieben war, um ihn zu suchen. Beharrlichkeit ist die Kraft guter Tat; die Stimme der Wahrheit spricht: ‚Wer bis zum Ende standhaft bleibt, der wird gerettet.'

Sie begann zu suchen und konnte nicht finden. Sie suchte beharrlich weiter, und sie fand. Durch den Aufschub wuchs die Sehnsucht, und im Wachsen ergriff sie, was sie gefunden hatte: Heilige Sehnsucht wächst durch den Aufschub.

Nimmt sie durch den Aufschub ab, so war es keine Sehnsucht. Von dieser Liebe glühte ein jeder, der zur Wahrheit gelangt ist. Darum sagt David: ‚Meine Seele dürstet nach dem lebendigen Gott. Wann darf ich kommen und Gottes Antlitz schauen?' Darum spricht auch die Kirche im Hohenlied: ‚Ich bin krank vor Liebe.'

‚Frau, warum weinst du? Wen suchst du?' Nach ihrem Schmerz wird Maria Magdalena gefragt, damit ihre Sehnsucht stärker werde. Wenn sie den Namen dessen nennt, den sie sucht, soll sie noch heißer in Liebe erglühen.

Jesus sagte zu ihr: Maria. Er hat sie zuerst nur als ‚Frau' angesprochen, und sie erkannte ihn nicht. Dann nennt er sie bei ihrem Namen, als sagte er deutlich: ‚Erkenne den, von dem du erkannt bist. Ich kenne dich nicht nur im Allgemeinen, wie die anderen dich kennen; ich kenne dich in deiner Einmaligkeit!' Da Maria bei ihrem Namen gerufen wird, erkennt sie ihren Schöpfer und nennt ihn sofort: ‚Rabbuni', das heißt: Meister; denn er war es, den sie draußen suchte und der sie in ihrem Innern das Suchen lehrte." (Gregor der Große [† 604])

Abschließend soll Papst Benedikt XVI. zu Wort kommen, seine meditative Art, diesen evangelischen Rat auszulegen.

Dabei verwendet er den antiquierten Begriff der *Keuschheit*, der bei vielen Menschen eher mit einer bestimmten Sexualkultur verbunden wird und auch kein Begriff des Dialogs mit modernen ZeitgenossInnen ist, weil er bei nicht wenigen neurotische Konnotationen mit sich trägt, während der biblische Begriff Jungfräulichkeit mehr positive Saiten zum Schwingen bringt. Dem Papst ist sehr daran gelegen, darzulegen, dass in der Nachfolge Jesu ehelos Lebende nicht beziehungslos leben.

„Um recht zu verstehen, was *Keuschheit* bedeutet, müssen wir von ihrem positiven Inhalt ausgehen. Und den wieder finden wir im Hinschauen auf Jesus Christus. Jesus hat in einer doppelten Zuwendung gelebt: zum Vater und zum Nächsten. In der Heiligen Schrift lernen wir Jesus als Betenden kennen, der Nächte in der Zwiesprache mit dem Vater verbringt. Im Beten nimmt er sein Menschsein und unser aller Menschsein hinein in die Sohnesbeziehung zum Vater. Dieser Dialog mit dem Vater wird dann immer neu Sendung zur Welt, zu uns hin. Seine Sendung führte ihn in eine reine und ungeteilte Hinwendung zu den Menschen. In den Zeugnissen der Heiligen Schrift ist in keinem Augenblick seines Daseins in seinem Umgang mit den Menschen eine Beimischung von Eigeninteresse oder Eigennutz zu erkennen. Jesus hat die Menschen geliebt, wie er seinen Vater geliebt hat.

Das Eintreten in diese Gesinnung Jesu hat Paulus zu seiner Theologie und Lebenspraxis inspiriert, die auf Jesu Wort von der Ehelosigkeit um des Himmelreiches willen antwortet (vgl. Mt 19,12). Priester und Ordensleute leben nicht beziehungslos und geloben durch das Gelübde der ehelosen Keuschheit nicht Individualismus oder Beziehungslosigkeit, sondern sie geloben, die intensiven Beziehungen, deren sie fähig sind und mit denen sie beschenkt werden, ganz und vorbehaltlos in den Dienst des Reiches Gottes zu stellen. So werden sie selbst zu Menschen der Hoffnung: Indem sie ganz auf Gott setzen, schaffen sie seiner Gegenwart –

dem Reich Gottes – Raum in der Welt. Ihr, liebe Priester und Ordensleute, leistet einen großen Beitrag: Inmitten von aller Gier, allem Egoismus des Nicht-Warten-Könnens, des Konsumhungers, inmitten des Kultes der Individualität versuchen wir, eine uneigennützige Liebe zu den Menschen zu leben. Wir leben eine Hoffnung, die Gott die Erfüllung überlässt. Was wäre geworden, hätte es diese Verweisgestalten in der Geschichte der Christenheit nicht gegeben? Was würde aus unserer Welt werden, wenn es die Priester, die Frauen und Männer in den Orden und Gemeinschaften des gottgeweihten Lebens nicht gäbe, die die Hoffnung auf eine größere Erfüllung der menschlichen Wünsche und die Erfahrung der Liebe Gottes, die alle menschliche Liebe übersteigt, nicht vorleben? Die Welt braucht unser Zeugnis gerade auch heute."

## Gesinnt wie Jesus Christus

*Seid untereinander so gesinnt, wie es dem Leben in Christus Jesus entspricht:*
*Er war Gott gleich,*
*hielt aber nicht daran fest, wie Gott zu sein,*
*sondern entäußerte sich*
*und wurde wie ein Sklave*
*und den Menschen gleich.*
*Sein Leben war das eines Menschen;*
*er erniedrigte sich*
*und war gehorsam bis zum Tod,*
*bis zum Tod am Kreuz.*
*Darum hat ihn Gott über alle erhöht*
*und ihm den Namen verliehen,*
*der größer ist als alle Namen,*
*damit alle im Himmel, auf der Erde und unter der Erde*
*ihre Knie beugen vor dem Namen Jesu*
*und jeder Mund bekennt:*

*„Jesus Christus ist der Herr" –*
*zur Ehre Gottes des Vaters.*
   (Phil 2,5–11)

Jeder von uns ist mächtig, kann etwas machen, hat Einfluss und Macht. Radikal machtlos ist keiner, er kann nur machtlos werden, indem er Macht loswird.

Macht haben wir in jeder Beziehung. Wir üben Einfluss auf den anderen aus, wenn wir mit ihm zusammenkommen, wie auch der andere, die andere uns beeinflusst. Wollte man jeglicher Beeinflussung sich entziehen, dürfte man gar nicht erst in Beziehung treten. Und dies wäre vielleicht noch die grimmigste Form von Beeinflussung: sich nicht stellen, sich nicht angreifbar machen, unerreichbar und unnahbar bleiben. Solche Mächtige verbreiten ein Gefühl, wie es den Prozess von Kafka durchzieht. Welche Macht übt ein Pfarrer aus, welcher die Sitzung des Pfarrgemeinderates verlässt und seinen Rat damit ratlos zurücklässt? Welche Macht üben Männer über Frauen aus, wenn sie, wie Analysen zeigen, in Alltagsgesprächen Themen bestimmen, deren Behandlung kontrollieren und schließlich häufig auch von sich aus ein Gespräch abbrechen?

Macht hat jeder. Also kann es nur auf den Umgang mit Macht ankommen. Rasch denkt man an den Missbrauch von Macht. Ökonomische, politische oder auch religiöse Macht wird dann zum eigenen Nutzen gegen andere eingesetzt. Macht wird zu tödlicher Gewalt. Der Missbrauch religiöser Macht ist die verwerflichste aller Formen, weil sie Menschen in den tiefsten Schichten ihres Daseins trifft. Wie kommt es, dass Priester meinen, die Laien müssten ihnen gehorchen, weil sie Mittler zwischen Gott und den Menschen sind? Warum nennen sich nicht alle Brüder und Schwestern, wie es das Evangelium verlangt? Das biblische Wort, seid so gesinnt wie Jesus Christus, hat es auch unter Christen schwer.

Missbrauch der Macht hat aber auch ein anderes, unscheinbareres Gesicht: Es ist die Macht-Verweigerung. Wer nicht politisch aktiv ist, so weiß heute bald ein jeder, „handelt" in seiner Inaktivität politisch: Er stärkt das Bestehende, also gerade jene Mächtigen, die ihre Macht gegen den Menschen richten. Warum sind Christen – leider auch junge – so unpolitisch? Warum haben wir Religion und Politik so fein säuberlich getrennt und Religion zur tabuisierten Privatsache des atomisierten Einzelnen gemacht? Warum liegt den Christen so oft daran, dass die Politik draußen bleibt, aus den kirchlichen Gremien, aus den Gottesdiensten, aus dem religiösen Bewusstsein der Leute, obwohl Paul VI. politisches Handeln die höchste Form christlicher Nächstenliebe genannt hat? Warum gehen viele von uns wegblickend weiter, wenn einer geschlagen wird? Warum wenden wir (die Priester, der Levit) uns nicht dem zu, der räuberisch ausgebeutet wird und überlassen dies einem Fremden, einem Kirchenfernen, einem Marxisten vielleicht? Räuberisch ausgebeutet werden aber auch heute immer noch viele Kinder, Arbeiter, Frauen, arme Völker durch reiche Industrienationen, vielleicht schon dadurch, dass wir mit jenen materiellen Gütern, welche die Armen der Welt zum Überleben benötigten, in einer himmelschreienden Veruntreuungstat in todbringende Atomwaffen verrüsten. Es ist Machtmissbrauch, wenn Mächtige dagegen nicht aufstehen, sondern schweigen. Es ist auch Machtverweigerung durch Christen und Kirchenleitungen möglich.

Macht kann auch in der Erziehung vergeudet werden. Erzieherische Autorität gab es stets dazu, um die Lebensmöglichkeiten von Kindern und Jugendlichen zu vermehren. Auctoritas, das lateinische Wort für Autorität, stammt ab von augere, vermehren. Erziehen heißt daher keinesfalls Gleichgültigkeit, sondern meint Interesse, dabei sein, mitdenken, streiten und auseinandersetzen. Zwar ist nicht immer die Zeit, ein ernsthaftes Wort zu sagen. Wer aber nie eines sagt, vergeudet seine pädagogische Macht. Dies ist kein Plädoyer für autoritäres Erziehen im Sinn von Überstülpung von Lebensstilen. Aber wenn sich ein junger

Mensch an seinem Erzieher nicht reiben kann, wird er nicht vorankommen. Auch das Wild reibt sich nur am starken Stamm.

Macht läuft auch durch Worte. Die Medienwissenschaft weiß längst darum; Politiker und Kirchenführer fürchten die Medien ebenso, wie sie gern von ihnen unterstützt werden wollen. Gerade durch das Wort kann aber auch viel Leben zerstört werden. Einmal weggegeben, kann man es nicht mehr ungesagt machen; bestenfalls wird es vergessen. Wen es aber trifft, dem haftet es oft ein Leben lang an, unwiderruflich. Wie gut wäre es, wenn dies besonders jene bedächten, welche von bevorzugter Stelle aus reden.

Macht gibt es aber nicht allein in zwischenmenschlichen Beziehungen. Macht verliert nicht selten auch ihr Gesicht, wird anonym, begegnet eingeschmolzen in Strukturen. Solches ist von vornherein zu erwarten, wo menschliches Handeln sich vom Täter ablöst und sich verselbstständigt: in Handlungsstilen, in Institutionen, in Strukturen. Strukturen sind an sich noch nicht schlecht. Es gibt gute Taten, damit gute Handlungsmuster, gute und wohltätige Institutionen und auch Strukturen. Ich bin zum Beispiel immer froh, dass ich weiß, auf welcher Seite ein anderer Verkehrsteilnehmer an meinem Auto vorbeifahren wird. Ich bin froh, dass die gläubigen Erfahrungen der ersten Christen institutionell, also vom Zufall unabhängig, weitererzählt werden, also gut aufgehoben sind und unverfälscht zu mir kommen konnten. Aber so, wie es gute Taten gibt, gibt es auch schlechte, lebensfeindliche Taten, die Leben umkommen statt aufkommen lassen. Dann ist aber eben auch anzunehmen, dass es bösartige Handlungsstile, Spiele der Macht gibt, damit auch bösartige Strukturen. Es ist gewiss zu einfach, jegliche strukturelle Macht als schlecht zu verdächtigen. Aber es kann auch nicht geleugnet werden, dass eine Machtausübung wider den Menschen durch gesichtslose Strukturen ärger, unentrinnbarer und tödlicher sein kann als die von einem einzelnen Menschen gegen einen anderen ausgeübte Macht.

Die Ohnmacht der Arbeiter gegen ausbeuterische Strukturen, die Ohnmacht der armen Völker gegen die harten wirtschaftlichen Strukturen der reichen Weltzonen, die Ohnmacht der Jugendlichen angesichts fehlender Arbeit, die Ohnmacht von Frauen in einer von den Männern geprägten Gesellschaft (und Kirche) ist zweifelsfrei weitreichender als ein autoritäres Handeln eines Vorgesetzten in einem Betrieb oder eines Ehepartners über den anderen.

Es gibt nicht zuletzt hinterhältige Formen von Machtausübung. Wer stets den Beleidigten spielt, unterdrückt seine Umwelt, weil er Angst erzeugt. Manch einer wird sich fragen, was er mit seiner „Krankheit" seiner Umwelt sagen will. Verschlüsselte Macht ist ähnlich brutal, weil als solche oft nicht erkennbar, wie strukturelle Gewalt.

In solch überaus komplexe Weisen von Macht trifft uns das Wort aus dem Philipperhymnus: „Seid so gesinnt wie Jesus Christus" (Phil 2,5). Christi Umgang mit seiner Gottesmacht wird uns als Kriterium für den Umgang mit unserer Menschenmacht empfohlen.

In der Tat, Jesu Lebensweg ist ein Schauspiel des Umgangs mit Macht. Gottgleich, nennt der Hymnus seine Vollmacht. Doch Jesus stützt sich nicht auf diese Macht. Er geht den Weg der „kenosis", der Erniedrigung, der Entäußerung, des Machtverzichts. Er liefert sich ohnmächtig fremden Mächten aus, die ihn zu Tode bringen: Er geht in die radikale Entfremdung ein und dies einzig und allein deshalb, damit wir das Leben haben.

Eben diese Ohnmacht veröffentlicht aber Jesu Gehorsam gegenüber seinem Gott. Er überlässt ihm ganz und gar die Regie über sein Leben. Er verfasst sein Leben nach Gottes Vor-Schrift. Das, was er an Macht ohne Zweifel besitzt, bringt er ins Spiel, setzt er wie ein Sklave in den Dienst seines Vaters ein.

Damit ist unserem Umgang mit Macht ein Weg gewiesen. Oberstes Prinzip heißt: Geratet so auf die Seite Gottes (also glaubt), dass ihr mit all euren „machtvollen" Möglichkeiten an der erlösenden Sorge Gottes für die Menschheit beteiligt werdet.

So gesehen sind Christen keineswegs Menschen, die der Macht grundsätzlich aus dem Weg gehen. Entscheidend ist zunächst aber, dass wir nicht auf unsere eigene Macht setzen, wenn es um Leben und Zukunft geht, sondern auf die Macht Gottes vertrauen, der Leben schafft und es erhält. In diesem Sinn ist Machtlosigkeit ein inneres Moment jeglichen christlichen Glaubens.

Von dieser Machtlosigkeit her bestimmt sich sodann der Umgang mit der uns unentrinnbar eigenen Macht. Wir werden beginnen, unsere Macht und Autorität so ins Spiel zu bringen, dass Gottes Absichten nicht nur in unserem eigenen Leben aufkommen, sondern auch um uns herum. Eltern werden ihre Autorität so einsetzen, dass ihre Kinder frei werden, ihre Zukunft selbstmächtig im Hinhorchen auf Gott gestalten zu können. Politisch werden wir gegen jene himmelschreienden Machtverhältnisse eintreten, die durch ihre lebensfeindliche Gewalt vielen Menschen, ja Gruppen und Völkern ein menschenwürdiges Leben verunmöglichen. Dies wird, so gut es geht, möglichst „gewaltlos" geschehen, wo immer Christen Politik mitgestalten: Denn „Gott hat die Welt nicht durch das Schwert, sondern durch das Kreuz erlöst"[20].

Solche Gewaltlosigkeit darf aber nicht mit mangelndem Einsatz verwechselt werden. Denn solche Untätigkeit würde am Ende Unrechtsverhältnisse nur verlängern. Die erlösende Mächtigkeit des ohnmächtigen Todes Jesu bestand darin, dass er nicht Machtmittel, sondern sein eigenes Leben (und darin seine gottgleiche Macht) eingesetzt hat. Am Beispiel Jesu lässt sich der letzte Grund für solch ohnmächtige Lebenspraxis liebender Hingabe erkennen. Jesus konnte sich (und seine Macht) drangeben, weil er auf die

[20]  So Benedikt XVI. bei einer Predigt anlässlich seiner Pilgerfahrt nach Mariazell in Österreich am 8.9.2007.

Macht seines Gottes baute. Er wusste, dass dieser ihn im Tod nicht hängen lassen werde, sondern ihn machtvoll aus dem Tod rufen wird. Daher brauchte er seine Macht nicht zur eigenen Existenzsicherung, sondern konnte sie freisetzen für das erlösende Handeln für die vielen.

Was Christen von Jesus Christus lernen, fand ich beschrieben in einem Bericht der Missionsschwester Lea Ackermann, die mir aus den Philippinen das Bild eines „zornigen Jesus" mitbrachte und dazu folgenden Text schrieb:

„Christus schaut grimmig, verärgert und wütend auf den Betrachter. Was ist das für ein Bild von Christus?

Ich fand es auf den Philippinen, auf der Insel Negros. Ich hatte viel über die unmenschliche Situation, in der die Zuckerrohrarbeiter leben, gehört. Für weitere Informationen kam ich in das Büro der Gewerkschaft, die von zwei Priestern gegründet wurde. Ich war bedrückt über das Übermaß des von Menschen an Menschen, von Christen an Christen verübten Unrechts. Das Ausmaß der Verachtung der Menschenrechte schien grenzenlos. Von quälenden Gedanken bewegt, von entmutigenden Eindrücken gefangen gehalten, trat ich in das Büro der Gewerkschaft. Gegenüber der Tür hing dieses Bild vom zornigen Christus. Es hat mich verwirrt.

Nie zuvor hatte ich ein solches Bild von Jesus Christus gesehen.

Allmählich wurde mir klar; es war ein zur Situation passendes Bild des Zornes und Gerichtes über so viel von Menschen verschuldetes Elend; über skrupellose Ausbeutung und Menschenverachtung. Ein verbürgerlichtes, süß-frommes Christusbild hätte in dieser Lage wie ein Hohn, wie eine lächerliche Karikatur wirken müssen. Ich habe diese Aufnahme des Bildes gemacht und bin froh darüber; denn es lässt mich nicht los.

Was ist eigentlich mein Christusbild? Wenn ich das Bild betrachte, empfinde ich mit Dostojewskis Großinquisitor, der die Frage stellt: ‚Warum kommst Du, uns zu stören?'

Jesus als Störfaktor jeder kirchlichen und gesellschaftlichen Ordnung. Vielleicht ist Jesus immer ein Störfaktor. Vielleicht muss er es sein, damit die Hoffnung uns über uns selbst hinausträgt; damit wir stets die Fesseln zu sprengen vermögen, die uns an unsere eigenen Unberechenbarkeiten binden.

Jesus war nicht bei den Herrschenden; er war kein Angehöriger einer Partei; er gehörte nicht zur sozialprivilegierten Klasse. Er war nicht gewillt, sich in irgendeiner Weise an menschliche Ordnungen und Strukturen binden zu lassen, um die Idee vom Reiche Gottes durch unangemessene Anpassung so oder so zu verwässern.

Jesus war von einer intensiven Enderwartung getragen. Jesus ist in die Welt gekommen, um die Menschen zu erlösen, um die Zeit der Verheißung in eine Zeit der Erfüllung hineinzuführen, deshalb ist jede Hand wichtig, die heute schon sichtbar zu machen versteht, was morgen sein wird. Jede Mühe um eine bessere Welt, eine gerechtere Gesellschaft, ein menschliches Zusammenleben, ist immer Gleichnis, Symbol des Reiches, welches Jesus denen bereitet, die ihn lieben."

Zur Abrundung noch die Gedanken von Benedikt XVI. zum Gehorsam[21]:

„Kommen wir zum Gehorsam. Jesus hat sein ganzes Leben, von den stillen Jahren in Nazareth bis in den Augenblick des Todes am Kreuz, im Hören auf den Vater, im Gehorsam zum Vater gelebt. Sehen wir exemplarisch auf die Nacht am Ölberg hin. ‚Nicht mein Wille geschehe, sondern der Deinige.' Jesus nimmt in diesem Beten unser aller widerstrebenden Eigenwillen in seinen Sohneswillen hinein, wandelt unsere Rebellion in seinen Gehorsam um. Jesus war ein Betender. Darin aber war er zugleich Hörender und Gehorchender: ‚Gehorsam geworden bis zum Tod, bis zum Tod

---

[21] Aus seiner Predigt in Mariazell vom 8.9.2007 vor Ordensleuten, Priestern, Diakonen und Mitarbeitenden in der Pastoral.

am Kreuz' (Phil 2,8). Die Christen haben immer erfahren, dass sie sich nicht verlieren durch die Hingabe an den Willen des Herrn, sondern dass sie durchfinden zu einer tiefen Identität und inneren Freiheit. An Jesus haben sie entdeckt, dass sich findet, wer sich verschenkt, dass frei wird, wer sich in einem in Gott gründenden und ihn suchenden Gehorsam bindet. Auf Gott zu hören und ihm zu gehorchen hat nichts zu tun mit Fremdbestimmung und Selbstverlust. Im Eintreten in den Willen Gottes kommen wir erst zu unserer wahren Identität. Das Zeugnis dieser Erfahrung braucht die Welt heute gerade mitten in ihrem Verlangen nach ‚Selbstverwirklichung' und ‚Selbstbestimmung'.

Romano Guardini berichtet in seiner Autobiographie, wie ihm in einem kritischen Augenblick seines Weges, in dem ihm der Glaube seiner Kindheit fraglich geworden war, der tragende Entscheid seines ganzen Lebens – die Bekehrung – geschenkt wurde in der Begegnung mit dem Wort Jesu, dass sich nur findet, wer sich verliert (vgl. Mk 8,34f; Joh 12,25); dass es keine Selbstfindung, keine Selbstverwirklichung geben kann ohne das Sich-Lassen, das Sich-Verlieren. Aber wohin darf man sich verlieren? Wem sich verschenken? Ihm wurde klar, dass wir uns nur dann ganz weggeben können, wenn wir dabei in Gottes Hände fallen: Nur an ihn dürfen wir uns letztlich verlieren, und nur in ihm können wir uns finden. Aber dann kam die Frage: Wer ist Gott? Wo ist Gott? Nun begriff er, dass der Gott, an den wir uns verlieren dürfen, nur der in Jesus Christus konkret und nahe gewordene Gott sein kann. Aber da bricht nochmals die Frage auf: Wo finde ich Jesus Christus? Wie kann ich mich ihm wirklich geben? Die von Guardini in seinem Ringen gefundene Antwort lautet: Konkret gegenwärtig ist uns Jesus Christus nur in seinem Leib, der Kirche. Darum muss Gehorsam gegen Gottes Willen, Gehorsam zu Jesus Christus ganz konkret und praktisch demütig-kirchlicher Gehorsam sein. Auch darüber sollten wir immer wieder gründlich unser Gewissen erforschen. All dies findet sich zusammengefasst in dem Gebet des heiligen Ignatius von Loyola, das mir immer so zu groß ist, dass ich es fast nicht zu beten wage, und das wir uns doch immer neu anbringen sollten: ‚Nimm hin, Herr, und empfange meine ganze Freiheit, mein Gedächtnis, meinen Verstand und meinen ganzen Willen, all mein Haben und mein Besitzen. Du hast es mir gegeben; Dir, Herr, gebe ich es zurück. Alles ist Dein, verfüge nach Deinem ganzen Willen. Gib mir nur Deine Liebe und Gnade, dann bin ich reich genug und verlange nichts weiter.'"

Dieser Text des Papstes führt uns nahtlos weiter zum dritten der evangelischen Räte: der Armut, der Besitzlosigkeit.


## Damit nicht die Dinge uns haben

*Adam erkannte Eva, seine Frau; sie wurde schwanger und gebar Kain. Da sagte sie: Ich habe einen Mann vom Herrn erworben. Sie gebar ein zweites Mal, nämlich Abel, seinen Bruder. Abel wurde Schafhirt und Kain Ackerbauer.*

*Nach einiger Zeit brachte Kain dem Herrn ein Opfer von den Früchten des Feldes dar; auch Abel brachte eines dar von den Erstlingen seiner Herde und von ihrem Fett. Der Herr schaute auf Abel und sein Opfer, aber auf Kain und sein Opfer schaute er nicht. Da überlief es Kain ganz heiß, und sein Blick senkte sich. Der Herr sprach zu Kain: Warum überläuft es dich heiß, und warum senkt sich dein Blick?*

*Nicht wahr, wenn du Recht tust, darfst du aufblicken; wenn du nicht Recht tust, lauert an der Tür die Sünde als Dämon. Auf dich hat er es abgesehen, doch du werde Herr über ihn!*

*Hierauf sagte Kain zu seinem Bruder Abel: Gehen wir aufs Feld! Als sie auf dem Feld waren, griff Kain seinen Bruder Abel an und erschlug ihn. Da sprach der Herr zu Kain: Wo ist dein Bruder Abel? Er entgegnete: Ich weiß es nicht. Bin ich der Hüter meines Bruders? Der Herr sprach: Was hast du getan? Das Blut deines Bruders schreit zu mir vom Ackerboden. So bist du verflucht, verbannt vom Ackerboden, der seinen Mund aufgesperrt hat, um aus*

*deiner Hand das Blut deines Bruders aufzunehmen. Wenn du den Ackerboden bestellst,* wird *er dir keinen Ertrag mehr bringen. Rastlos und ruhelos wirst du auf der Erde sein. Kain antwortete dem Herrn: Zu groß ist meine Schuld, als dass ich sie tragen könnte. Du hast mich heute vom Ackerland verjagt, und ich muss mich vor deinem Angesicht verbergen; rastlos und ruhelos werde ich auf der Erde sein, und wer mich findet, wird mich erschlagen. Der Herr aber sprach zu ihm: Darum soll jeder, der Kain erschlägt, siebenfacher Rache verfallen. Darauf machte der Herr dem Kain ein Zeichen, damit ihn keiner erschlage, der ihn finde. Dann ging Kain vom Herrn weg und ließ sich im Land Nod nieder, östlich von Eden.*
(Gen 4,1–16)

Die heutige Bibelwissenschaft sieht in der Erzählung von Kain und Abel die fortgesetzte Sündenfallgeschichte. Das Misstrauen siegt über das Vertrauen. Im ersten Sündenfall Adams und Evas haben die Menschen Gott aufgehört zu trauen. Jetzt, im zweiten Sündenfall, kommt das Misstrauen zwischen den Brüdern auf. Der eine hat das Gefühl, neben dem anderen zu kurz zu kommen.

Wir weichen in den folgenden Überlegungen von der gängigen Auslegung ab. Dabei greifen wir Deutungselemente auf, die – jenseits vertrauter Exegese – in alten jüdischen Auslegungen gesammelt sind.[22] Im Grund machen wir Ähnliches wie der Verfasser der Genesis. Wir greifen auf den uralten Kain-und-Abel-Mythos zurück und versuchen, menschlichen Grunderfahrungen auf die Spur zu kommen.

Den Ausgangspunkt bildet die Erfahrung, dass der Mensch in einer vielfältigen Entzweiung lebt. Geist und Materie stehen in einer unaufhebbaren Spannung, ebenso Gut und Böse, auch Mann und Frau. Die Spannung drängt aber zur Einheit, eine Einheit, die als Paradiesesvorstellung gegenwärtig ist. Der Mensch erlebt sich auf der Suche nach ei-

---

[22]    Weinreb, Friedrich: Der göttliche Bauplan der Welt, Olten ⁵1978.

nem umfassenden Einklang, mit sich, mit der Welt, mit dem letzten Grund seines Lebens. Das hebräische Wort „korban" (Opfer) ist der sichtbare Vorgang der Suche des Menschen nach der Vereinigung mit dem letzten Ursprung des Lebens, mit Gott.

Die Bibel erzählt nun vom Opfer zweier Brüder: auch ein Symbol des aufgespaltenen, halbierten Menschen, der erst ganz ist, wenn er beide „Brüder" in sich versöhnt?

*Kain* ist Ackerbauer. Sein Opfer, also die innerste Grundbewegung seines Lebens, geht auf die Dinge der Erde, die Materie. Alte biblische Geschichtsbücher haben das Opfer des Kain mit einem niedergehenden schwarzen Rauch versehen. Sollte dies eine künstlerische Fehlinterpretation der Bibel sein, wenn sich im Rauch (hebr. ruach, also auch Geist) der zu Boden gehende Geist des Kain ausdrückt? Zudem wird der Rauch schwarz gemalt, was griechisch melas wäre: Melancholie leitet sich davon ab. Die Art, wie Kain mit den Gütern opfernd umgeht, macht ihn somit melancholisch, niedergedrückt, depressiv.

Natürlich muss dies nicht so sein. Schon Adam ist der Erdling und kann gar nicht anders als Mensch leben denn im Umgang mit den materiellen, raumzeitlich gebundenen Dingen. Deshalb wird ihm auch der Garten Eden zum Hegen und Bebauen übergeben. Die Bindung an materielle Güter ist für uns Menschen unentrinnbar. Aber es ist eben nur die eine Seite unseres menschlichen Daseins. Kain hat einen Bruder, der die andere Seite des Menschen darstellt.

*Abel* ist Schafhirte. Man könnte meinen, auch er ist damit „erdgebunden". Was macht es schon für einen großen Unterschied, ob man sich mit Feldarbeit oder Schafzucht beschäftigt? Aber vielleicht meint das Lamm in dieser uralten mythischen Erzählung mehr als das Schaf. Religionsgeschichtlich symbolisiert das Lamm die Liebe und die Einheit. Jesus nennen wir das Lamm Gottes, weil in ihm die Einheit mit dem Lebendigen unüberbietbar da ist. Dieses Lamm, so sagt die Bibel in ihrer mythisch-bildhaften Sprache, wird geschlachtet, und dadurch sind wir erlöst: Eine tiefsinnige Beschreibung jener erlösenden Gottesverlassenheit Jesu, also Zerstörung der Einheit mit seinem Gott am Kreuz, in der er unsere Sünde bis zur Neige ausleidet, damit wir aus der Gottferne wieder in die Einheit des Lebens und der Liebe mit Gott heimgeholt werden.

So könnte das Opfer des Abel gedeutet werden: Sein Opfer, die Grundbewegung seines Lebens bleibt nicht bei den Dingen hängen. Er findet in seiner Grundbewegung, in seinem Opfer, im Lamm, die gesuchte Einheit mit dem Ursprung, dem Leben: Eben deshalb „nimmt Gott sein Opfer an", während jenes des Kain eben bei den Dingen hängen bleibt, also in der Entzweiung, und nicht zum Ursprung heimfindet: Kains Opfer bleibt somit ohne Gefallen Gottes. (Und dies vielleicht nicht wegen der unbewegbaren erwählenden Freiheit Gottes, sondern weil eben solches Opfern gar kein Weg zur Einheit mit Gott ist.)

*Kain erschlägt Abel.* Sein Umgang mit den Gütern ist derart, dass ein unverzichtbarer Anteil des Menschen (nämlich Abel und seine Suche nach dem verlorenen Ursprung mit dem Leben) umgebracht wird. Der zurückgebliebene „halbierte Mensch" ist dann auf der Flucht, bis ihn (nach sieben Generationen: wenn er seinen Weg gemacht hat) selbst das Ende ereilt. Er wird in seinen Nachkommen von Seinesgleichen ermordet.

Man wünschte sich, die Geschichte hätte einen anderen Ausgang. Könnten die beiden feindlichen Brüder nicht versöhnt werden? Dies gelingt gewiss nicht so, dass, bildlich gesprochen, Abel seinerseits den Kain erschlägt. Vorschläge dafür gab es in der Menschheitsgeschichte genug: Der Mensch suchte den materiellen Dingen zu entkommen, weltflüchtig der Auseinandersetzung mit den Gütern dieser Erde zu entrinnen, um vermeintlich frei von ihnen zum Ursprung zu finden. Aber auch so kehrt wieder nur der halbierte Mensch zum Ursprung zurück. Abel muss den Kain (in sich) mitbringen, will auch er versöhnt ans Ziel gelangen.

Natürlich gilt dies in allen Fällen, in allen einzelnen Lebensgeschichten, wie wir noch sehen werden. Die Menschheit als ganze braucht anschauliche Abelgestalten, welche – losgelöst von Kains Beschäftigung mit den Dingen – in Erinnerung halten, dass ohne die Suche nach der Einheit mit dem Ursprung des Lebens das menschliche Leben verarmt und halb bleibt. Aber im Normalfall ist in jedem von uns Kain und Abel anzutreffen. Und versöhnt sind sie dann, wenn der Kain sich so mit den Dingen beschäftigt, dass er den Abel nicht erdrückt und umbringt. Man könnte diesen alltäglichen Weg der Versöhnung von Kain und Abel in uns „Armut" nennen. Sie wäre ein Lebensstil, der so mit den Gütern umzugehen vermag, dass nicht die Dinge (mit denen wir unausweichlich befasst bleiben) uns haben, so dass uns Kraft und Zeit bleibt, durch die Dinge hindurch und manchmal auch ihnen zum Trotz auf der Suche nach der Liebe, nach der Einheit mit dem Lebendigen zu bleiben.

Solche Versöhnung zwischen Kain und Abel in uns wäre heute dringendst nötig. Man sagt zu Recht, dass unsere gesellschaftlichen Lebensverhältnisse den Kain (in uns) in ungebührlichem Maße aufblähen.[23] Weil wir längst zu viele Güter erzeugen und meinen, sie auch verbrauchen zu müssen, werden wir alle (durch Werbung, Mode, durch die Verknüpfung des Habens mit dem Sozialprestige, durch feilgebotene Waren, noch mehr aber durch ihm verkaufte neue Wünsche) zu verlässlichen und vorhersehbaren Verbrauchern nützlicher und auch überflüssiger Güter. Unsere Aufmerksamkeit wird mit dem Haben und Leisten befasst. Wir müssen viel leisten, damit wir uns etwas leisten können. Der Kain wird raffiniert hochentwickelt.

Dabei schrumpft aber Abel zur Unansehnlichkeit zurück. Wir haben viel, sind aber immer weniger. Der Abel (in uns) verkommt lautlos. Themen, die dem Abel zuzuordnen sind, werden ausgeblendet oder aber so umgedeutet, dass sie auf

[23] Fromm, Erich: Haben oder Sein, Stuttgart 1976.

die Seite des Kain geraten: Religion, Gott, Glaube, Freiheit, Schuld, Tod, die Vergangenheit und ihre Toten, die Zukunft mit ihrem ewigen Leben und dessen ausgleichender Gerechtigkeit. Zugespitzt lässt sich damit sagen, dass unsere „kollektiven Grundstimmungen", unser Alltagsbewusstsein den Kain begünstigt und dem Abel feindlich ist. Nicht selten wird der Abel in vielen gemordet, der zurückbleibende Kain (also der Mensch, den die Dinge haben) findet sich auf der Flucht vor sich selbst: in Drogen, kriminelle Handlungen, schützende Krankheiten, bis ihn schließlich selbst der Tod ereilt, den er so auf Raten herbeischwört und manchmal sogar gewaltsam selbst herbeiführt.

Christlicher Glaube als verlässlicher Weg zurück zum Ursprung allen Lebens schützt den Abel in uns. Solcher Glaube ist gewiss nicht weltflüchtig. Christen leben in der Welt, gehen aber nicht auf in ihr. Den Glaubenden „haben nicht die Dinge", so sehr er sich ihnen zuwendet, ihrer bedarf und sie durch sie liebt. Vielmehr „hat ihn Gott". Dies aber macht ihn frei zu einem neuartigen Umgang mit den Dingen: Weil er weiß, dass er sich das, worauf es in seinem Leben ankommt, nicht durch die Dinge sichern kann, behält er auch im Umgang mit den Dingen eine Freiheit, die ihn offenhält für die Liebe, das Leben, die Einheit. Diese Freiheit im Umgang mit den Dingen verdient es mit dem ererbten Begriff der Armut eingefangen zu werden. Es ist jene Armut, die offenhält für Gott. Überdeutlich sagt daher die Bibel, man kann nicht zugleich Gott dienen und dem Mammon (Lk 16,13). Armut im Sinn eines freien Umgangs mit den Dingen ist somit inneres Moment eines jeden christlichen Glaubens.

Armut als Lebenspraxis fordert freilich nicht, den Dingen auszuweichen. Die innere Freiheit im Umgang mit den Dingen wird nicht in Sorglosigkeit entarten, schon gar nicht, wenn es um das menschenwürdige Überleben anderer geht. Der Arme sorgt sich, aber er zersorgt sich nicht (vgl. Mt 10,29). Noch mehr: Solche Armut macht frei für einen freigebigen Einsatz der mir verfügbaren Güter, von denen alle leben können sollen. Armut zeigt sich daher heute in zugespitzter Weise im Kampf gegen jene Not, die viele umkommen lässt. So gesehen ist die konkrete spirituelle Praxis der Armut stets zugleich sozial und politisch. Da sind ungerechte Verhältnisse ebenso eine Provokation evangeliumsgemäßer Armut wie es ein Hinweis auf Armut sein kann, wenn ich meine Güter (meine Wohnung, mein Auto, mein Wissen, mein Bankkonto, meine mir zustehende Zeit, meine Gefühle) so öffne, dass ich sie anderen zugänglich mache. Ob Abel in uns lebt, zeigt sich somit auch daran, ob wir solidarisch sind: Indem wir die privat(isiert)en Güter als Gabe Gottes an uns alle annehmen und so verteilen, dass alle möglichst menschenwürdig leben können. Die entgrenzte und entfeindete Solidarität der erdhaften Menschen (Kain) wird zum Erkennungszeichen für unsere Suche nach Gott (Abel). Handfest, politische Nächstenliebe wird zum Sakrament der Gottesliebe (Mt 25).

*Um zweierlei bitte ich dich,*
*versag es mir nicht, bevor ich sterbe:*
*Falschheit und Lügenwort halt fern von mir;*
*gib mir weder Armut noch Reichtum,*
*nähr mich mit dem Brot, das mir nötig ist,*
*damit ich nicht, satt geworden, dich verleugne*
*und sage: Wer ist denn der Herr,*
*damit ich nicht als Armer zum Dieb werde*
*und mich am Namen meines Gottes vergreife.*
    (Spr 30,7–9)

In einem knappen und kompakten Text[24] sagt Benedikt XVI. zum evangelischen Rat der Armut – den er übrigens abwei-

---

[24]  Benedikt XVI. in einer Predigt zu Mariazell am 8.9.2007 vor Ordensleuten, Priestern und Diakonen.

chend von der Tradition vor die Keuschheit und den Gehorsam an die erste Stelle rückte:

„Jesus Christus, der reich war mit dem ganzen Reichtum Gottes, ist unsertwegen arm geworden (2 Kor 8,9). Er hat sich entäußert, sich erniedrigt und war gehorsam bis zum Tod am Kreuz (Phil 2,6ff). Er, der Arme, hat die Armen selig gepriesen. Lukas zeigt uns, dass dieser Zuruf sich durchaus auf die armen Menschen im Israel seiner Zeit bezieht, wo es einen bedrückenden Gegensatz zwischen Reichen und Armen gab. Matthäus klärt in seiner Version der Seligpreisungen, dass freilich die bloße materielle Armut als solche für sich allein noch nicht die Nähe zu Gott verbürgt, auch wenn Gott diesen Armen auf besondere Weise nahe ist. So wird klar: Der Christ sieht in ihnen Christus, der auf ihn wartet, auf seinen Einsatz. Wer Christus radikal nachfolgen will, muss entschieden auf materielle Habe verzichten. Aber er muss diese Armut von Christus her leben, als inwendiges Freiwerden für Gott und für den Nächsten. Die Frage der Armut und der Armen muss für alle Christen, besonders aber für Priester und Ordensleute, die Einzelnen wie die Ordensgemeinschaften, immer wieder Inhalt einer ernsten Gewissenserforschung sein."

# Der alltägliche Stil

## Reflexion

Wir halten in unserer Kontemplation biblischer Texte inne. Sie sollte uns sehen helfen, dass *Jungfräulichkeit, Armut und Gehorsam* innere Momente eines jeglichen christlichen Glaubens sind, dessen Grundprinzip darin besteht, den Gott Jesu Christi als Quelle und Erfüllung unseres Lebens zu erkennen:

- also von ihm Leben und Zukunft zu erwarten („jungfräulich"),
- nicht durch die Dinge dieser Welt das Leben sichern zu wollen und zu müssen („arm")
- und sich so bedingungslos seiner Leben schaffenden Macht anzuvertrauen und anfangen zu fragen, wie unser geschenktes Leben zu einem Moment an der Leben schaffenden Macht Gottes für die vielen werden kann („gehorsam").

So steht jeder Gläubige unter dem herausfordernden Anruf dieser evangelischen Ratschläge. Ohne Jungfräulichkeit, Armut und Gehorsam wird Glaube nicht leibhaftig, gewinnt er nicht menschliche Vollgestalt. Er stünde dann in Gefahr, als „reine Gesinnung" rasch zu verdunsten. Was dann übrig bliebe, wäre ein amputierter „Glaube", satzhaft, redselig, ungefährlich und angepasst. Das Salz wäre schal geworden.

Ob ein ganz gewöhnlicher Christ die evangelischen Räte lebt, wird sich somit an folgenden Erfahrungen ablesen lassen:

1. Erlebe ich die Zuwendung eines anderen Menschen, eines Mannes, einer Frau, eines Freundes, einer Freundin, als Gabe Gottes, der mir Leben gönnt? Preise ich Gott dafür, dass er mich schöpferisch gestaltet hat und ich also wachsen kann? Bin ich dankbar für Heimat und Menschen, für Güter und Wissen?

2. Genieße ich diese Gaben Gottes? Koste ich sie aus? Oder verachte ich insgeheim, gleich aus welchen Gründen, diese Gaben Gottes?

3. Betrachte ich diese Gaben als „meinen Besitz", von denen lediglich ich etwas habe, oder gebe ich sie frei, damit daraus für viele Menschen ein Leben in Frieden ersteht? Liebe ich nur mich selbst, aus der Angst, ich könnte zu kurz kommen, oder ist diese tiefe Daseinsangst, geboren aus der Erfahrung von Grenzen und Endlichkeit, gezähmt, weil ich um die unendliche Erfüllung meines Sehnens durch Gott weiß: sodass ich befreit bin, die andern zu lieben wie mich selbst?

4. Mache ich ungläubig diese Gaben insgeheim zu Götzen, indem ich vergesse, dass sie (nur) Spuren des Lebenswillens Gottes für mich sind? Setze ich damit insgeheim Gott als Herrn meines Lebens ab? Erwarte ich also etwa vom Ehepartner den „Himmel auf Erden", vom Besitz letzte Lebenssicherung, von meiner Macht die Erfüllung meiner Wünsche?

## Konkretion

*Es ist wie mit einem Mann, der auf Reisen ging: Er rief seine Diener und vertraute ihnen sein Vermögen an.*

*Dem einen gab er fünf Talente Silbergeld, einem anderen zwei, wieder einem anderen eines, jedem nach seinen Fähigkeiten. Dann reist er ab. Sofort begann der Diener, der fünf Talente erhalten hatte, mit ihnen zu wirtschaften, und er gewann noch fünf dazu. Ebenso gewann der, der zwei erhalten hatte, noch zwei dazu. Der aber, der das eine Talent erhalten hatte, ging und grub ein Loch in die Erde und versteckte das Geld seines Herrn.*

*Nach langer Zeit kehrte der Herr zurück, um von den Dienern Rechenschaft zu verlangen. Da kam der, der die fünf Talente erhalten hatte, brachte fünf weitere und sagte: Herr, fünf Talente hast du mir gegeben; sieh her, ich habe noch fünf dazugewonnen. Sein Herr sagte zu ihm: Sehr gut, du bist ein tüchtiger und treuer Die-*

*ner. Du bist im Kleinen ein treuer Verwalter gewesen, ich will dir eine große Aufgabe übertragen. Komm, nimm teil an der Freude deines Herrn! Dann kam der Diener, der zwei Talente erhalten hatte, und sagte: Herr, du hast mir zwei Talente gegeben; sieh her, ich habe noch zwei dazugewonnen. Sein Herr sagte zu ihm: Sehr gut, du bist ein tüchtiger und treuer Diener. Du bist im Kleinen ein treuer Verwalter gewesen, ich will dir eine große Aufgabe übertragen. Komm, nimm teil an der Freude deines Herrn! Zuletzt kam auch der Diener, der das eine Talent erhalten hatte, und sagte: Herr, ich wusste, dass du ein strenger Mann bist; du erntest, wo du nicht gesät hast, und sammelst, wo du nicht ausgestreut hast; weil ich Angst hatte, habe ich dein Geld in der Erde versteckt. Hier hast du es wieder. Sein Herr antwortete ihm: Du bist ein schlechter und fauler Diener! Du hast doch gewusst, dass ich ernte, wo ich nicht gesät habe, und sammle, wo ich nicht ausgestreut habe. Hättest du mein Geld wenigstens auf die Bank gebracht, dann hätte ich es bei meiner Rückkehr mit Zinsen zurückerhalten. Darum nehmt ihm das Talent weg und gebt es dem, der die zehn Talente hat! Denn wer hat, dem wird gegeben, und er wird im Überfluss haben; wer aber nicht hat, dem wird auch noch weggenommen, was er hat. Werft den nichtsnutzigen Diener hinaus in die äußerste Finsternis! Dort wird er heulen und mit den Zähnen knirschen.*

(Mt 25,14–30)

Könnte es nicht sein, dass – in Anlehnung an diese Talentparabel – Gott Eheleute fragen wird: *Was habt ihr mit eurer Sexualität gemacht?* Und sie werden dann vielleicht sagen: Gar nichts haben wir angestellt, Herr. Er aber wird ungeduldig sein und sagen: Das meine ich nicht, sondern was habt ihr damit füreinander gemacht, sodass euer Leben Feste der Liebe kannte, die euch den Lebensalltag bestehen ließen?

Und er wird weiterfragen: *Was habt ihr mit eurer Autorität gemacht,* sowohl mit eurer persönlichen wie mit eurer kollektiven Macht? Und sie werden sagen: Nichts, Herr, haben wir angestellt. Und Gott wird wieder erregt nachsetzen und sagen: Das meine ich nicht! Habt ihr mit euren Anvertrauten (Kindern und Erwachsenen) gerungen, gestritten, habt ihr euch auseinandergesetzt, einander widerstanden, habt ihr euch für die Schwachen stark gemacht, die Unterdrückten befreit? Habt ihr mit eurer Autorität Leben gemehrt? Warum seid ihr nicht beim Betriebsrat gewesen, warum wart ihr politisch so uninteressiert, warum seid ihr stets bei der falschen Partei gewesen?

Und schließlich wird er fragen: *Was habt ihr mit eurem Besitz gemacht?* War eure Wohnung stets gut verschlossen, eure Villa gut umzäunt, mit beißenden Hunden und Alarmanlagen bestens geschützt, zudem hoch versichert? Habt ihr gar jene finanziert, die schon reich waren: die Freizeit- und Vergnügungsindustrie, jene also, die eure maßlose Sehnsucht auf ein Bündel steuer- und befriedigbarer Bedürfnisse verkürzen, um aus euch verlässliche Käufer und Verbraucher der endlichen Glücksgüter zu machen? Und diejenigen, die um das nackte Überleben und ein menschenwürdiges Leben ringen, die habt ihr vergessen? Und wie viele habt ihr stillschweigend ausgestoßen, habt ihnen die Beheimatung verweigert, Angehörigen von ausländischen Arbeitnehmern, arbeitslosen Ausländern, verfolgten Asylanten, Ungeborenen, Geschiedenen, Alten, Kranken, Sterbenden, Toten?

# Der prophetische Stil

## Prophetische Symbolhandlungen

Von alttestamentlichen Propheten werden sonderbare Symbolhandlungen berichtet:

- ein Mantel wird zerteilt (1 Kön 11,29ff.);
- da geht einer „nackt", also im Aufzug eines Deportierten einher (Jes 20,1ff.);
- ein Topf wird zerschlagen (Jer 19,1ff.);
- einer trägt ein hölzernes Joch (Jer 27,2ff.);
- ein anderer verweigert seiner Frau die Totenklage (Ez 24,15ff.).

Außergewöhnliches wird getan, was in unübersehbarer Weise Kommendes ankündigen soll. Die Menschen werden aus ihrem eingefahrenen Alltag aufgeschreckt, nachdenklich gemacht und zur Änderung ihres Lebens bewegt. Oft fehlt die „pädagogische Ausdeutung", die Symbolhandlung steht für sich. Nicht immer verstehen sie die Leute, manchmal nicht einmal der Prophet selbst (Jes 8,1ff.; 20,1ff.). Und dennoch haben diese Menschen solche Handlungen vor die Leute hingesetzt in gewaltlos-sanfter, ja unaufdringlicher Weise. Sie konnten nicht anders. Gott hatte seine Hand auf sie gelegt und sie für seine Mühe um die Menschheit (durch sein auserwähltes Volk) in Dienst genommen.

## „Losigkeiten"

Wir sehen in den als (Ordens-)Gelübde überlieferten Lebensformen solche prophetische Symbole. Ihnen ist ein hohes Maß an Außergewöhnlichkeit, an Extravaganz eigen. Menschen, die ehelos, machtlos und besitzlos leben, handeln nicht alltäglich, was vor allem dann verwundert, wenn sie diese Lebensformen nicht unter menschlichem Drängen auf sich nehmen. Niemand „zwingt" sie dazu (es sei denn das Wissen, dass sie nicht anders können, weil Gott seine Hand auf ihr Leben gelegt hat). In einem gewissen Sinn sind sie „ver-rückt", herausverschoben aus dem, was üblich ist und wie man lebt. Verrückt an diesem Leben der „Losigkeiten" ist vor allem, dass gerade jene Urwünsche zurückgestellt werden, an denen offenbar gutes menschliches Leben hängt. Dabei werden die Wünsche nicht verneint, sie werden vielmehr offen gehalten, in der Hoffnung auf die verheißene Erfüllung durch Gott selbst.

Die Propheten des Alten Bundes zeigen, dass solches Handeln für sie selbst „nichts bringt" außer der Erfüllung eines göttlichen Auftrags. Die Mitte ihres Handelns ist daher nicht eine besonders einleuchtende „Funktionalität" (wie z. B. größere Freiheit, Verfügbarkeit, Vollkommenheit) ihres symbolischen hoch aufgeladenen Lebens; es ist vielmehr die Erfahrung, dass dieses Handeln ihnen als Teil ihres Auftrags von Gott her begegnet und von einer tiefen Leidenschaft für Gott getragen ist.

Findet man solch symbolisches Handeln und Leben aber einmal vor, drängt es in sanft-beharrlicher Weise nach einer Deutung. Warum leben auch unter uns Menschen ehelos, machtlos und besitzlos? Wir sehen den sich für andere daraus ergebenden Sinn darin, dass prophetische Existenzen dieser Art etwas für alle in Erinnerung halten, was sonst verloren ginge, weil es sehr verletzlich ist, und was in seiner vollendeten Gestalt noch aussteht. Was dabei in Erinnerung zu halten ist, ist nichts anderes als das, was Glaube an Gott als Vollendung des Menschen ist und wie er leibhaftig gelebt wird. Die drei „Losigkeiten" stehen damit im Dienst der Christen und durch sie im Dienst aller Menschen.

- Fragt man also einen *Ehelosen*, warum er so lebt, „immer noch" so lebt, dann wird er vielleicht auf Anhieb gar nicht viel mehr sagen können als eine Frau, die man fragt, warum sie ausgerechnet ihren Mann liebt und mit ihm lebt. Für beide, die verheiratete Frau und den Ehelosen, ist es zunächst schwer, etwas zu sagen, denn ihre

Ehe wie seine Ehelosigkeit sind zunächst nicht auf einen bestimmten Zweck hingeordnet oder ihm untergeordnet. Nach längerem Nachdenken wird er dann vielleicht doch sagen: Ich lebe so, weil ich nicht anders kann. Und möglicherweise gerät im Zusammenhang mit meiner Ehelosigkeit für ein paar Menschen das Warten nicht in Vergessenheit; möglicherweise bleibt es also einigen erspart, nur noch Satt-Erwartungslose zu werden. Vielleicht trägt meine Ehelosigkeit mit dazu bei, dass Verheiratete nicht der Täuschung erliegen, die Ehe sei schon der Himmel, auch wenn in den hier und jetzt eingestreuten Momenten eine Ahnung von ewigem Leben aufkommen kann; vielmehr könnten sie daran erinnert werden, dass ihre gemeinsame Erfüllung Gott selbst sein wird, der ihre gegenseitige Liebe einst entgrenzen wird und sie jetzt schon gewinnen will, sich nicht nur gegenseitig, sondern gemeinsam Menschen ihrer Umwelt Ansehen zu geben. Noch mehr, wir Ehelosen könnten auch den von der Ehe Enttäuschten, den Ausgenützten und Beziehungsgestörten vorleben, dass ihr Wert nicht völlig von der Liebe eines Menschen abhängt, weil Gott auch dann einen Menschen nicht verlässt, wenn selbst Vater und Mutter ihn verließen (Ps 26).

- Fragt man dann eine, die sich in Gehorsam der *„Machtlosigkeit"* verschrieben hat, dann wird sie vielleicht auch nicht gleich eine bündige Antwort parat haben. Doch könnten diese Menschen nach einiger Zeit erzählen, dass sie die Regie über ein autonomes, selbstbestimmtes, freies und bewegliches Leben abgegeben haben, um sich unübersehbar in Gottes Sorge um das Leben seiner Menschen einzufügen. Gewiss werden sie nicht verschweigen, dass man mit ihrer freigegebenen Lebenskraft nicht immer gut umgegangen ist. Vor allem werden sie sich dagegen verwahren, dass ihr Gehorsam als Verantwortungslosigkeit verkannt wird. Kriterium bleibt das Sich-Einfügen in Gottes Absicht, nach der sie mit anderen zusammen suchen: Wobei die „Vorgesetzten" deshalb und insofern „Gehorsam" verdienen, als sie verlässliche Mitsucher und Interpreten der Absicht Gottes für sie sind. Diese Männer und Frauen werden dann sagen, dass solche Machtlosigkeit nicht nur in ihrem eigenen Leben Raum für die Leben spendende Macht Gottes eröffnen soll. Ihr „ver-rückt" gebundenes Leben soll vielmehr allen in Erinnerung halten, dass nicht wir alles machen können und auch nicht müssen, vor allem nicht das Leben, die Welt, die Liebe, die Versöhnung, die Zukunft, die Überwindung des Todes. Vielmehr hat das Entscheidende Gott schon gemacht. Wir werden so von einer weit verbreiteten „krampfhaften Selbstbehauptung"[25] erlöst. Noch mehr: Wir alle werden dadurch ermuntert, unsere „Macht" freizusetzen, damit nicht nur wir selbst etwas vom Leben haben, sondern die vielen zu einem Leben in Frieden finden. „Machtlose" stiften damit an, gegen die vielfältigen lebenszerstörenden Mächte, Personen und Strukturen in Freimut aufzutreten und deren Macht einzudämmen.

- Fragt man schließlich Menschen, warum sie *besitzlos* leben (indem sie Besitz loswerden), dann werden auch sie nicht mit einer schlüssigen Antwort aufwarten. Ihnen ist zunächst der Besitz nicht alles! Doch ist dies nicht der einzig maßgebliche Sinn. Vielmehr werden sie andeuten, ihre Armut könnte dazu führen, die Menschen nicht vergessen zu lassen, dass sie nicht nur vom Brot leben, sondern auch am Brot sterben können. Damit wird den Reichen in Erinnerung gehalten, dass ihr Reichtum mit ihnen nicht ins Grab steigt (Ps 48) und deshalb der Reichtum nicht den Wert des Menschen bestimmt, mag man uns noch so oft vorsagen, dass der etwas gilt, der viel hat. Zugleich könnten jene, die über viele Güter verfügen (Personen, einige Kirchengebiete, manche Orden, Völ-

[25] Unsere Hoffnung, Bonn 1975.

ker) gewonnen werden, mit ihrem Reichtum so umgehen zu lernen, dass nicht nur sie menschenwürdig leben, sondern dass alle genug Brot zum Leben haben. Wird sich nicht jener Mensch leichter von seinem Reichtum lösen, der begriffen hat, dass er von diesem am Ende gar nicht leben kann? Wird nicht jene verschwenderisch-liebend mit seinem Reichtum umgehen, für die Gott selbst ihr „Reichtum" geworden ist?

Die drei „Losigkeiten" werden so zu einem Stachel im Leben der Kirche und der Menschen. Sie verhindern, dass die Menschen sich in vergänglichen Lebensformen und Strukturen einrichten und sich ihrer Zukunft gegenüber verschließen. Noch mehr, sie machen ein wenig jene künftige Lebensform gegenwärtig, die wir Christen als Zukunft aller Menschen von Gott her erhoffen. So besehen geben sie einer (noch) „utopischen", also ortlosen (weil künftigen) Lebenspraxis einen topos, einen Ort.

## Prophetische Lebensstile: Gottes Gaben an seine Gemeinde

Wenn heute von Ehelosigkeit, Machtlosigkeit und Besitzlosigkeit die Rede ist, denken die meisten an Ordensleute (Frauen und Männer) und Weltpriester (Männer). Dies ist Auswirkung der fatalen Zweiteilung der Christen in radikal-vollkommene und bürgerlich-durchschnittliche.

1. In unserer Phantasie ist aber eine andere Vorstellung da: Gehören nicht zu jeder christlichen Gemeinde Menschen, die im radikalen Sinn ehelos, machtlos und besitzlos leben? Sind solche unorganisierte Propheten nicht sogar eines der verlässlichsten Zeichen für die Lebendigkeit des Glaubens in dieser Pfarrgemeinde? Muss man nicht fürchten, dass eine Pfarrgemeinde ohne solche „Alltagsmönche" und „Alltagsnonnen" bürgerlich, eingerichtet, angepasst ist an die Einschließung von Menschen in innerweltliche (Ver-)-

Tröstungen? Ist eine Pfarrei ohne „lose" lebende Mitglieder nicht eine gut verwaltete, aber sesshafte Institution ohne Unruhe des Pilgerns, des Aufbruchs von den Fleischtöpfen Ägyptens? Wenn eine Christengemeinde ein (irdischer) Topos für eine (verheißene) Utopie ist, ein Ort für das noch Ortlose, wenn in ihr also das Reich Gottes und sein Leben, seine Ruferweckung anwesend ist, und zwar wenigstens in der Gestalt der gelebten Vaterunserbitte „Dein Reich komme", dann sind Leute, welche diese Bitte radikal zu leben versuchen, kostbare Gaben Gottes an die Christengemeinden und damit an die Kirche. Als Charismen sind sie Gottes charmante Art, sich bei den Menschen als ihre Glückseligkeit in Erinnerung zu halten.

2. Wer die durchschnittliche Pfarrgemeinde als einen ursprünglichen Ort für die „Losigkeiten" erkennt, wird es auch nicht gut finden, dass – herkömmlicherweise (zumindest im Alltagsbewusstsein der meisten Menschen: denn stille Ausnahmen gibt es ja auch heute) – lediglich der *Pfarrer* (als Weltpriester) den prophetischen Lebensstil zu leben versucht; und dass Personen, die diesen Lebensstil als für sie angemessene Berufung Gottes erkennen, aus der Gemeinde auswandern und in einen *Orden* gehen (und dann womöglich, wenn es Männer sind, auch gleich wieder dem leisen Drang erliegen, Priestermönche zu werden statt eben „Mönch" allein als „Bruder" zu bleiben, um schließlich aus der monastischen Kommunität auszuwandern, um Pfarrer zu werden).

Für die alltägliche Stilisierung der evangelischen Räte, wie wir sie bei den gewöhnlichen Pfarreiangehörigen zu finden hoffen (nämlich als innere Momente ihres christlichen Glaubens), wäre es besser, wenn die Propheten aus ihrer Reihe kämen und unter ihnen blieben, ohne immer in den Ordens- oder Priesterstand auszuwandern. Würde so nicht leichter der Versuchung gewehrt, die Provokation der evangelischen Räte doch für wenige religiöse „Virtuosen" zu privilegieren und sich auf diese Weise die Herausforderung vom Leibe zu halten? Wären die Propheten näher, wären sie vielleicht auch wirksamer. Die alltägliche Existenz aller Christen könnte eher die ihr eigenen „prophetischen Züge" erhalten. Denn jede gläubige Existenz ist ein Verweis auf Künftiges, auf die erhoffte Auferweckung zum Fest ewigen Lebens durch Gott. Deswegen ist eben jede gläubige Existenz „jungfräulich", „gehorsam" und „arm".

3. Dies wäre im Übrigen auch der „Lohn" für die Propheten, dass im Alltagsleben aller Christen die „prophetischen Züge" aufkommen: dass also Glaube wächst und lebendig bleibt; dass nicht nur sie selbst unsesshaft, weil unterwegs zum Fest des ewigen Lebens sind, sondern dass sich auch ihre Mitchristen aus ihrer Sesshaftigkeit aufmachen und mit ihnen durch die „Wüste" zum Berg Gottes unterwegs sind in das Land, das Gott verheißen hat, das Land ewigen Lebens. Die Frucht, der Lohn der Propheten, wäre ein lebendiger Glaube der Kirche.

Trägt ihr Dienst diese Frucht, dann wird die geschichtlich allzu weit geöffnete Kluft zwischen den Menschen mit Gelübden und den „Weltchristen" verkleinert. Die Übergänge werden fließend. Es kann dann sein, dass Eheleute erheblich glaubwürdiger und anschaulicher das leben, was einer im Lebensstil der „Losigkeiten" in einem bürgerlich stilisierten Zölibat zu leben versucht. Das braucht weiter nicht zu beunruhigen. Denn wir erkennen daran nur in aller Deutlichkeit, dass wir es nicht mit Vollkommenen und Unvollkommenen zu tun haben, sondern mit unterschiedlichen Lebensgestalten, in denen in jeweils eigenwilliger Weise aufscheint, was leibhaftiger christlicher Glaube ist – wobei die prophetische Lebensgestalt nicht für sich steht, sondern Dienst an der Radikalität des Glaubens aller ist.

„die Zeit ist erfüllt
das reich gottes ist nahe"

als er
vom reich-gottes
sprach
wollte er ihm
einen ort geben
mitten in der
welt:

als er von
macht-losigkeit
sprach
wollte er sie ver-
orten

als er von
ehe-losigkeit
sprach
wollte er sie ver-
orten

als er von
besitz-losigkeit
sprach
wollte er sie ver-
orten

sie aber
meinten
er wollte sie
verordnen

(wilhelm bruners)

4. Die derzeitige Anhäufung prophetischer Lebensstile „außerhalb" (in Orden) und „gegenüber" (Weltpriester) der durchschnittlichen Pfarrgemeinde hat auch noch die Nebenwirkung, dass dann, wenn diese „Stände" (aus gleich welchen Gründen) in Krise sind und es zu wenige gibt, die diesem „Stand" beitreten, zugleich die prophetischen Lebensstile in der Kirche generell gefährdet sind. Über eine rein juridisch verstandene Verknüpfung von Priesteramt und (Ehe-)Losigkeit lassen sich die prophetischen Lebensstile nicht erhalten, weil diese Charismen sich nicht „verordnen" lassen (vgl. oben Wilhelm Bruners). Verordnung schürt die Vermutung, dass man dem Christentum nicht mehr traut, weil es lahm und verbürgerlicht geworden ist. Dass man dem gottgegebenen Charisma zu einer prophetischen Lebensform nicht mehr traut inmitten bürgerlicher Nivellierung.

Umgekehrt ist es auch heute nicht bar jeglichen Sinns – und schon gar nicht ein Angriff auf die Menschenrechte –, wenn die Kirche (nach jahrhundertelanger Erfahrung, in der natürlich auch ziemlich pragmatische Gründe eine Rolle spielten) ihre Priester aus jenen Leuten wählt, die zunächst für sich einen Ruf zum prophetischen Lebensstil erkannt haben. Der Zusammenhang ist aber kein direkter, sondern ein vermittelter. Ehelose werden gewählt, weil man damit die Annahme verbindet, dass diese Ehelosigkeit Ausdruck leibhaftigen und radikalen Glaubens ist. Im Grund sucht also die Kirche nicht in erster Linie Ehelose für das Priesteramt, sondern radikal Glaubende; und dies meint Kirche an der Leibhaftigkeit des Glaubens zu erkennen.

Sollte es eines Tages zu wenig Priesteramtskandidaten unter den „Propheten" geben (weil sich zum Beispiel Mönche weigern werden, auch Priester zu werden oder weil die „Alltagsmönche" in den Gemeinden für sich keine Berufung zum Priesteramt erkennen), dann wird die Kirche immer noch nicht anders können, als nach gläubigen Menschen Ausschau zu halten (denn ohne dieses Kriterium ist priesterliches Amt wie dürres Stroh). Dabei kann es sein, dass sie Gläubige wählt, die radikalen Glauben und damit die evangelischen Räte als seine inneren Momente in der alltäglichen Weise leben: also zum Beispiel ein verheirateter Mann, der mit seiner Frau „jungfräulich" dem Herrn entgegenlebt, dabei seine Ehe als Gabe Gottes erkennt und sie – Gott preisend – auskostet. Es wäre aber auch durchaus denkbar, dass eine der beiden anderen „Losigkeiten" (nämlich Machtlosigkeit und Besitzlosigkeit) zum Kriterium leibhaften Glaubens wird: Christen, die in den Slums lateinamerikanischer Großstädte mit den Armen leben und arbeiten und dabei im Namen Gottes Menschen sammeln, wären (auch als Verheiratete) erlesene Kandidaten für das Priesteramt. In irgendeiner Weise sollte also das Leben jedes Menschen, den die Kirche auf Grund einer erkannten Berufung durch Gott in ein Amt bittet, von der Kraft der evangelischen Räte geprägt sein. Das gilt auch für den Fall, dass die Kirche ehrenamtlich wirkende[26] gemeindeerfahrene Personen in ein lokales Priesterteam[27] weiht, um in gläubigen Gemeinden die Feier der Eucharistie (unter priesterlichem Vorsitz) zu sichern.

5. Hier folgen noch Anmerkungen zur Kultur der prophetischen Lebensstile, die gewiss aus der Erfahrung eheloser Priester kommen, die aber auch für die Alltagsmönche und Alltagsnonnen in den Pfarrgemeinden hilfreich sind:

---

[26]  Schon 1970 hat der damalige Theologe Joseph Ratzinger für das Jahr 2000 vorhergesagt: „Sie [die Kirche im Jahr 2000] wird auch gewiss neue Formen des Amtes kennen und bewährte Christen, die im Beruf stehen, zu Priestern weihen: In vielen kleineren Gemeinden bzw. in zusammengehörigen sozialen Gruppen wird die normale Seelsorge auf diese Weise erfüllt werden. Daneben wird der hauptamtliche Priester wie bisher unentbehrlich sein." Ratzinger, Joseph: Glaube und Zukunft, München 1970, 123.

[27]  Diesen Vorschlag machte der südafrikanische Bischof von Aliwal Fritz Lobinger: Zulehner, Paul M./Lobinger, Fritz/Neuner, Peter: Leutepriester in lebendigen Gemeinden, Ostfildern 2003.

- So sehr der Prophet eine einsame Berufung darstellt und er vor niemand anderem als vor seinem Gott Rechenschaft schuldig ist, so wenig folgt daraus eine völlige Privatisierung des Charismas: Denn solche Gaben sind im Hinblick auf die Kirche gegeben. Zudem ist die Solidarisierung der Propheten eine Entlastung für den Einzelnen. Erlebt sich der Prophet – allein gelassen – nicht dann und wann als überfordert? Wer von uns, der „prophetisch" zu leben versucht, kann auch sagen, dass wir unserer Berufung immer so nachkommen, dass die Leute erkennen, was wir für sie sind? Ist Jonas nicht auch heute zeitweilig auf der Flucht vor seiner Aufgabe? Geben nicht manche von uns auf, weil ...? Dann bleibt aber immer noch in der Kirche das Zeugnis der verbündeten Propheten. Daraus muss nicht ein „Stand" mit allen Nachteilen der Absonderung von der Gemeinde entstehen. Aber die Solidarität der Propheten enthält die Chance, dass (zeitweise) der eine für den anderen einspringt und steht und damit die Kirche ihre prophetische Kraft nicht verliert. So sollten das Presbyterium einer Diözese und sein Priesterrat prophetische Kraft besitzen.
- Dazu kommt, dass prophetische Lebensstile der „Losigkeiten" in unserer Gesellschaft durch „kollektive Gegenstimmungen" verdunkelt werden können. In einer Gesellschaft, die transzendenzarm ist und die Menschen deshalb zunehmend mit den weltlichen „Gütern" (Dinge, Sexualität, Macht) „satt machen" muss (ohne es wirklich zu können), werden oft auch Berufene gehindert, den göttlichen Ruf zu prophetischer Lebensweise zu vernehmen und zu erkennen.
- Eine der gefährlichsten Aushöhlungen prophetischen Lebens ist die Abkoppelung der „Losigkeiten" voneinander. Wenn es heute eine Krise der Ehelosigkeit gibt, wenn diese in der Art, wie sie heute da und dort begegnet, als ausgebrannt erscheint, dann wohl auch deshalb, weil der Glaube, der in ihr aufscheinen soll, nicht zugleich auch

den Umgang mit Macht („Klerikalismus", den es durchaus auch bei Laienmönchen geben kann) und mit Besitz (Sesshaftigkeit, bürgerlicher Wohlstand, Funktionärs- und Beamtentum, kirchlicher Beruf als Job) durchdringt. Ehelosigkeit ist nur dann lebendig, wenn sie mit den beiden anderen Losigkeiten in Verbindung steht.[28] Der Grundtendenz nach lässt sich nämlich der Glaube nicht provinziell „verleiblichen". Nimmt man zwei bedeutsame Urwünsche des Menschen von der prägenden Kraft des Glaubens aus, verliert dieser langfristig auch im Bereich des dritten Urwunsches unweigerlich seine gestaltende Mächtigkeit: Der Glaube selbst ist dabei, zu verkommen. Die beste Vorsorge auch für die Gewinnung eheloser Berufungen ist daher die Entfaltung eines radikalen christlichen Glaubens, der alle Urwünsche des Menschen durchdringt: Besitz- und Machtlosigkeit sind so eine unentbehrliche Grundlage für lebbare Ehelosigkeit. Alle drei aber leben vom Ergriffensein durch Gott und seiner Sorge für den Menschen.

6. Damit wird der Blick frei für die wohl beste Vorsorge der Kirche für ihre prophetischen Charismen. Christen werden ihre Berufung zu einem prophetischen Leben in den „Losigkeiten" am ehesten dadurch erahnen, wenn diese als innere Momente eines jeglichen christlichen Glaubens erkannt und gelebt werden. Und dies nicht nur von einzelnen Personen, sondern ebenso von Gemeinschaften und Pfarrgemeinden. Zugespitzt: Eine (in all ihren Bereichen!) leibhaftig glaubende Kirche, die von Gott her lebt (und nicht auf Strukturen und ökonomische Sicherheit setzt), die also „jungfräulich", „ohnmächtig" und „arm" ist, wird auch Ehelose, Machtlose und Besitzlose „zeugen". Umgekehrt: Eine „eingerichtete", gesellschaftlich angepasste und rundum abgesicherte Kirche, die ihre „Privilegien" und Machtmöglichkeiten in der

---

[28] Zu unserem Thema, aber leider eingeschränkt auf den Priester: Greshake, Gisbert: Priestersein, Freiburg ²1982, 126–153.

Gesellschaft wie in ihrem eigenen Haus und in ihrem seelsorglichen Tun einsetzt, die als Arbeitgeber wie jede andere gesellschaftliche Einrichtung ihre Durchsetzungsmöglichkeiten unbedacht ausnützt, die reich ist, zerstört ihre eigenen Charismen. Es ist dann kurzsichtig, die Gesellschaft, den verbreiteten Lebensstil und das kollektive Bewusstsein, die mangelnde Opferbereitschaft junger Menschen und anderes als Gründe zu beklagen. Was gelesen werden muss, ist vielmehr die dringliche Mahnung der Geheimen Offenbarung an die kleinasiatische Gemeinde in Laodizea, und dies als direkte Anfrage an unsere heutige Kirche in der alten Welt:

*An den Engel der Gemeinde in Laodizea schreibe: So spricht Er, der „Amen" heißt, der treue und zuverlässige Zeuge, der Anfang der Schöpfung Gottes:*

*Ich kenne deine Werke. Du bist weder kalt noch heiß. Wärst du doch kalt oder heiß! Weil du aber lau bist, will ich dich aus meinem Mund ausspeien.*

*Du behauptest: Ich bin reich und wohlhabend und nichts fehlt mir. Du weißt aber nicht, dass gerade du elend und erbärmlich bist, arm, blind und nackt.*

*Darum rate ich dir: Kaufe von mir Gold, das im Feuer geläutert ist, damit du reich wirst; und kaufe von mir weiße Kleider, und zieh sie an, damit du nicht nackt dastehst und dich schämen musst; und kaufe Salbe für deine Augen, damit du sehen kannst.*

*Wen ich liebe, den weise ich zurecht und nehme ihn in Zucht. Mach also ernst und kehr um! Ich stehe vor der Tür und klopfe an. Wer meine Stimme hört und die Tür öffnet, bei dem werde ich eintreten, und wir werden Mahl halten, ich mit ihm und er mit mir.*

*Wer siegt, der darf mit mir auf meinem Thron sitzen, so wie auch ich gesiegt habe und mich mit meinem Vater auf seinen Thron gesetzt habe. Wer Ohren hat, der höre, was der Geist den Gemeinden sagt.*

(Offb 3,14–22)

# Nachspiel

Das, worum es in diesem beschaulichen Büchlein geht, lässt sich kompakt in folgende Aussagen zusammenfassen:

1. Es gibt eine menschheitsalte Tradition, die sich auch in der gegenwärtigen Anthropologie findet, dass es *einige wenige unausrottbare Urwünsche*, Grundantriebe, Grundhoffnungen gibt, die mit dem erwünschten „Leben in Frieden" (1 Kor 7,15: dazu hat Gott uns berufen) zu tun haben. Wir haben diese Trias mit den Wörtern *Name, Macht und Heimat* belegt, auch wenn wir uns dessen bewusst sind, dass diese Begriffe das weite (semantische) Feld dieser Urwünsche nur schwerlich abdecken.

2. Wie alle menschlichen Anlagen bedürfen auch und gerade diese Urwünsche einer menschenwürdigen Kultur, einer *Stilisierung*. Diese kann zum Wohl der Menschen ausfallen, sie kann sich aber auch gegen das Leben (das eigene, das anderer) richten.

3. Typisch für die menschlichen Urwünsche ist ihre *„Maßlosigkeit"*; endliche Erfahrungen (vor allem „Momente") können sie kurzweilig beruhigen, aber nicht sättigen. Daraus ergibt sich ein tiefes *Leiden an der Endlichkeit menschlicher Erfahrungen*.

4. *Ewiges Leben* wird in der biblischen Tradition beschrieben als unvorstellbare, überufernde Erfüllung menschlicher Grundwünsche durch das Leben, das Gott selbst ist.

5. *Evangelische Räte sind eine Weisung zur Kultur der drei menschlichen Urwünsche aus der Perspektive der erhofften Erfüllung des Menschen durch Gott in der Auferweckung.* Wer daher sein Leben nach den evangelischen Räten kultiviert, gibt dem noch Ausstehenden, dem Ortlosen (dem Reich Gottes, der Auferweckung, dem ewigen Leben) in seinem vergänglichen Leben einen Ort. Die U-Topie (das Ortlose) erhält einen, wenn auch erst vorläufigen, Topos (Ort).

6. So gesehen sind die evangelischen Räte *innere Momente eines jeglichen christlichen Glaubens*, denn Glauben meint Ver-

wurzelung im ewigen Leben, in Gottes Verheißung, und damit Leben aus dieser erhofften Zukunft her. Die evangelischen Räte machen damit den biblischen Glauben „leibhaftig". Jungfräulichkeit, Gehorsam und Armut sind also „Werke" (Jakobusbrief), an denen der Glaube Gestalt gewinnt (sie sind also nicht Werke der Selbsterlösung, sondern Fahrzeuge, die Glauben als tatsächlich gelebt „er-fahr-bar" machen).

7. Die christentumsgeschichtliche *Abspaltung der evangelischen Räte vom alltäglichen christlichen Glauben ist eine der Hauptursachen der Verbürgerlichung des Christentums, seiner Einebnung in das herrschende Alltagsbewusstsein, für den Verlust seiner widerständigen Leben schaffenden Kraft.* Es gilt daher, die evangelischen Räte als Kultur christlichen Alltagslebens wiederzugewinnen. So werden Eheleute lernen, „ehelos" die letzte Erfüllung gemeinsam von Gott her zu erwarten; Mächtige werden der Macht Gottes vertrauen und ihre Macht der Absicht Gottes für die Menschheit einbinden; Reiche werden besitzlos werden, indem sie ihren Besitz loswerden, weil sie ihre Hoffnung nicht auf das Geld, sondern auf Gott setzen.

8. Eine solche alltägliche Lebenskultur nach den evangelischen Räten zeigt sich an folgenden Momenten:

- Die Urwünsche gelten als *Gabe* (des Schöpfer-)Gottes, der den Menschen erschaffen hat und ihm das Leben gönnt.
- Daher ist die erste Auswirkung der *Lobpreis* Gottes dafür, dass er den Menschen bis in seine tiefen Wünsche hinein gut erschaffen hat.
- Damit verbunden ist die dankbare Annahme dieser Gaben und ein *genießendes Auskosten:*
- und zwar nicht im Sinn privatistischen Konsums, sondern im *liebenden Füreinander, noch mehr im reichen Miteinander.* Gläubige Menschen lassen sich daher von Gott in Dienst nehmen, die Gaben (Eros und Sexualität, Macht und Freiheit, Besitz und Heimat) so füreinander

zu öffnen und ins Spiel zu bringen, dass für viele Gottes Absicht aufkommt, nämlich Leben in Frieden (1 Kor 7,15).

- Bei allem Lobpreis, aller Dankbarkeit, bei allem Genießen miteinander und beim füreinander Freigeben der Gaben Gottes wird vom Gläubigen nicht vergessen, dass diese Gaben *relativ* sind, also begrenzt vorläufig, vergänglich. Der gläubige Mensch wird der Versuchung widerstehen, in diesen Gaben die letzte Erfüllung seiner tiefen Urwünsche zu erhoffen. Vielmehr wird die endliche Erfüllung seine Sehnsucht offen halten, ja schüren. Die vergänglichen Momente (Feste), die er mit anderen erlebt, geben ihm aber eine Ahnung von jenem Fest, das noch aussteht und das Gott bereiten wird, das Fest schlechthin sinnvollen, ja ewigen Lebens.

9. Einige Menschen sind von der Hoffnung auf die Erfüllung ihres Sehnens durch Gott so erfüllt und gepackt, dass sie in *extra-vaganter, ver-rückter Weise eine irdische Befriedigung, Beruhigung ihrer Urwünsche zurückstellen.* Sie werten dabei die Sehnsucht nicht ab, vielmehr schürt das *Offenhalten die Urwünsche* oft bis an die Grenze des Erträglichen. Und dennoch sind sie (von Gottes Ruf) gehalten, die Wünsche offenzuhalten: also ehelos, machtlos und besitzlos zu leben. Dabei machen sie die für viele wichtige Erfahrung, dass nicht allein die Beruhigung der Wünsche lebendig erhält, sondern ebenso sehr (und vielleicht noch mehr) das Offenhalten des Wunsches.

- Diese Menschen leben so nicht stoisch zu ihrem eigenen Wohl. Denn besonders vernünftig ist das nicht. Eine „funktionale Interpretation" der prophetischen Existenz trägt nicht. Vielmehr können sie einfach nicht anders, weil sie erfahren haben, dass Gott ihre Hand auf sie gelegt hat und mit ihnen eine Absicht verfolgt: Sie halten für alle Christen (und damit für alle Menschen) in Erinnerung, dass die vergänglichen Gaben zwar gut sind, dass aber die Erfüllung des maßlosen Sehnens des Menschen Gott selbst sein wird. Denn das unendliche Sehnen des menschlichen Herzens lässt sich nur durch den Unendlichen selbst zur Ruhe bringen.

• Ihre Ehelosigkeit, Machtlosigkeit und Besitzlosigkeit ist *nicht tatenlos, also nur „demonstrativ"*. Ihre Zuwendung gilt vielmehr denen, die kein Ansehen haben. Ihre vorfindbare (persönliche und amtliche) Macht bringen sie vor allem für die Unterdrückten ins Spiel. Ihr Wunsch nach Heimat und Besitz macht sie mit den Heimatlosen und Armen solidarisch, deren Armut, genauer, Not Gott nicht mehr gefällt, sondern zum Himmel schreit.

10. Ehelose, Machtlose und Besitzlose, also „wortlos-leibhaftige Propheten" wird es *in jeder Christengemeinde* geben. Sie sind die charmante Art Gottes, in Erinnerung zu halten, dass er selbst das tiefe Sehnen des Menschen *trösten und stillen will.* Umgekehrt: Fehlen diese „Alltagsmönche" und „Alltagsnonnen" in den Gemeinden (sie gehören manchmal still einem Säkularinstitut an oder sind dem Bischof gelobend bekannt geworden), dann ist zu befürchten, dass die Lebendigkeit des Glaubens geschwunden ist, das Salz also schal wurde. Es taugt dann zu nichts mehr, und keiner wird sich wundern, wenn solches angepasstbürgerliches Christentum gerade die Suchenden nicht aufregt.

11. Sowenig es sinnvoll ist, dass alle Ehelosen, Machtlosen und Besitzlosen einer Christengemeinde in Orden wegziehen oder zu Priestern geweiht werden, so einsichtig ist die ererbte Praxis der Kirche, *ihre Priester – solange sie kann – aus dem Kreis der „Propheten" zu nehmen.* Der Grund ist aber nicht, weil Ehelosigkeit, Machtlosigkeit und Besitzlosigkeit unverzichtbare Voraussetzung für das Priesteramt der Kirche und ihrer Gemeinden wäre – solches wäre auch angesichts einer anderen Praxis über Jahrhunderte in der katholischen Tradition und angesichts der gegenwärtigen Tradition in anderen christlichen Kirchen eine unbegründbare Behauptung. Der Grund liegt vielmehr da-

rin, dass für Ehelose (die zumal ihre Ehelosigkeit in Verbindung mit Machtlosigkeit und Besitzlosigkeit zu leben versuchen) *die Vermutung aufsteht, dass ihr Glaube radikalleibhaftig ist.*

12. Für die Lebenskultur der „Propheten" in den Christengemeinden ist *Solidarität* hilfreich. Auch wenn die prophetische Berufung zum „Alltagsmönch" und zur „Alltagsnonne" unorganisierbar und höchst individuell ist, können sich die Berufenen gegenseitig tragen und fördern, ohne dass daraus ein eigener Lebensstand mit geteiltem Leben werden muss. Zudem ist das Zeugnis der vielen glaubwürdiger, es entlastet auch den Einzelnen, der nicht vergessen wird, dass auch Jona Zeiten kannte, in denen er vor dem Herrn und seinem Auftrag geflohen ist.

13. Die beste Vorsorge der Kirche für „Propheten" ist, dass in ihr nicht eine Verdoppelung des verarmten Alltagsbewusstseins geschieht, dessen zentrales Anliegen ist, den Menschen schon jetzt mit Gütern (Sexualität, Macht, Besitz) „satt zu machen". Positiv formuliert: *Die Kirche sorgt dann für ihre „Propheten"* (und dafür, dass sie Gottes Ruf nicht überhören, weil dieser im Lärm des auch in der Kirche vernehmbaren Lärmens einer konsumistischen Welt überhört wird) *am besten vor, wenn sie selbst gläubig ist, sich also nicht auf privilegiertes Ansehen, Macht und Ökonomie verlässt.* Die Radikalisierung des Glaubens in der Kirche ist damit Voraussetzung dafür, dass es morgen vor allem in den Gemeinden genug Propheten gibt, die ihren solidarischen Dienst am Glauben der ganzen Kirche erfüllen werden.

14. Überschaut man diese vielfältigen Meditationen zum Leben nach den evangelischen Räten, so zeigen sich viele Dimensionen, die voneinander nur zum Schaden der Person und der Kirche getrennt werden können.

• Da ist die urmenschliche Dimension: Evangelische Räte sind ein Moment an der Kultur eines menschlich reichen Lebens. Leben kommt bei einer solchen Lebensgestalt

nicht um, sondern auf.[29] Gehorsam ist dann die zuge-
spitzte Form von Freiheit; die Ehelosigkeit die zuge-
spitzte Form von Beziehungsfähigkeit; die Armut die zu-
gespitzte Form liebender Solidarität.

- Dazu kommt eine politische Dimension.[30] Ehelose sind
an der Seite der unfreiwillig Alleinlebenden, Vereinsam-
ten, in Beziehungen Gescheiterten. Machtlose an der
Seite jener, die ohnmächtig sind. Besitzlose finden sich in
den Projekten helfender wie politischer Diakonie.
- Die evangelischen Räte haben eine gläubig-spirituelle
Dimension. Jungfräulichkeit ist das Aussein auf Gott,
Gehorsam macht den Menschen zu einem Hörer des
Wortes Gottes, Armut lebt davon, dass Gott unser Reich-
tum ist.

Nicht zuletzt haben die evangelischen Räte eine kirchliche
Dimension. Norbert Lohfink bezeichnete in diesem Zusammenhang die Orden als Gottes Kirchentherapie. In starken
Zeiten hat die „Mutter Kirche" als Söhne und Töchter die
Ordensgemeinschaften hervorgebracht. Jetzt, wo die Kirche
(hierzulande) alt und schwach geworden ist, könnten sie
durch die Orden neue Lebendigkeit gewinnen.

Freilich, faktisch ist es oft ein Teufelskreis: Ist die Kirche
schwach, schwächeln auch die Orden. Viele Ordenskommu-
nitäten sind bei uns alt und ohne Zukunft. Wie sollen sie
dann der müden Kirche neue Kraft zuführen? Sollten jene
(wie Bischof Paul Josef Cordes) Recht haben, die daher meinen: Mögen auch die Orden im Mittelalter diese kirchenthe-
rapeutische Kraft besessen haben: Heute sind die neuen
geistlichen Bewegungen diese kirchenheilende Kraft. Ideal
wäre es freilich, würden in allen Winkeln der Kirche, in den

---

[29]  Eugen Drewermann ist zuzustimmen, dass das Leben aus den evangelischen Räten nicht auf Kosten der Menschlichkeit gehen darf. Drewermann, Eugen: Kleriker. Psychogramm eines Ideals, Olten 2001.

[30]  Auf diese hat insbesondere Johann B. Metz hingewiesen: Metz, Johann
B.: Zeit der Orden, Freiburg 1977.

Pfarrgemeinden, den Bildungshäusern, in den karitativen Einrichtungen und in den theologischen Fakultäten viele Menschen sein, die ihr Leben und Wirken aus der Kraft der evangelischen Räte gestalten: also leibhaftig glauben.

# Textnachweis

Seite 37/38: Marie Luise Kaschnitz, Ein Leben nach dem Tode, aus: Marie Luise Kaschnitz, Gesammelte Werke in sieben Bänden. Fünfter Band: Die Gedichte © Insel Verlag Frankfurt am Main 1985

Seite 80: Wilhelm Bruners © beim Autor